世界の観光地域

辰己眞知子 著

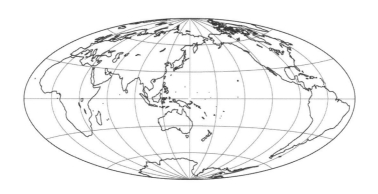

古今書院

まえがき

　2019 年度から観光地理学を担当することになった。早速，テキストを探したがなかなかめぐり合えない。それなら自分で，とまとめたものが本書である。2020 年度のオンライン授業で配信した写真・資料とともに毎回の授業内容を文章化し，再編集したものである。

　近年，世界的規模でさまざまなツーリズムが展開している。例えば，マス・ツーリズム：大衆観光，アーバン・ツーリズム：都市において行われる観光，グリーン・ツーリズム：農山漁村でゆとりある休暇を楽しむ，エコ・ツーリズム：自然保護あるいは自然保護地域づくりに貢献する自然観察または地域文化を学習する，をはじめフード・ツーリズム：地域の食に深くかかわった観光現象，ダーク・ツーリズム：戦争や災害などの悲劇の現場を訪れる，ボーダー・ツーリズム：国境地域を巡る旅などもある。それぞれがビジネスとして確立し，多くの観光客を惹きつけている。

　「非日常的な空間」への移動と滞在は，誰にとっても心身のリフレッシュや癒しとなり，またそこでの体験と学びは，私たちに感動と知識を与えてくれる。観光は大きな経済効果を生み出す。また，「まちづくり」や「村おこし」に貢献し，プロプアー・ツーリズムのような貧しい人びとに利益をもたらす。今や観光業は国の基幹産業となっている。こうした中，観光に携わる優秀な人材を育成するために，観光学を学べる学部や学科が増えている。

　観光現象を読み解く手法として，経済学や社会学などがあるが，その中で最も早くから取り組んできたのは地理学である。観光地域を研究対象として現地に入り調査する手法は，地理学が最も得意としている。さらに，一歩進めて現地の人びとと交流を深め，現地の人びとの声を聞くことも地理学を研究する者にとって重要な任務である。

　本書ははじめに観光の定義，観光の歴史的展開，観光学と観光地理学の特徴，観光資源について説明している。次いで第 3 章の日本から西回りに，第 10 章のオセアニアまでの観光地域について，観光現象だけでなく，そこに暮らす人びとの生活・文化，それぞれの観光地域が抱える問題についても述べている。地理的な基本事項も多く記述し，地誌学のテキストとしても使用できるように心がけた。

　学生諸君がこのテキストをうまく活用し，観光地域に興味・関心をもち，世界各地へ出かけるきっかけになれば幸いである。また，一般の方々には「考える観光ガイドブック」として，国内と海外の旅行で利用されることを切に願っている。

2021 年 3 月　辰己眞知子

目　　次

1 観光学と観光地理学

1．観光の定義

　観光という言葉は，中国古代西周（前 11 世紀〜前 770）の時代にまとめられた占いの書『易経』にある，「国の光を観るは以って王に賓たるによろし」に因んでいる。これは，為政者は他国を視察して参考とすべき良い点，すなわち光を学び，自国の発展につなげることが大切であるとの意味であり，そこには移動の概念が含まれている。観光の英訳である Tourism（ツーリズム）は，ラテン語の Tornus（轆轤）に語源があると言われ，観光客が出発地から観光地を巡り，再び戻ってくることを意味している。

　1995（平成 7）年の観光政策審議会で，観光は「余暇時間の中で，日常生活圏を離れて行う様々な活動であって，触れ合い，学び，遊ぶということを目的とするもの」と正式に定義されている。ここには 3 つの重要な要素が含まれている。第 1 は，「日常的な空間」から「非日常的な空間」への移動で，ツアーないしツーリズムという活動，第 2 は，「非日常的な空間」での滞在と体験であり，それはレクリエーションや余暇活動や風光を観る行動に反映される。このような活動によって「日常」から「非日常」へと気分が転換し，心身のリフレッシュや癒しとなる。これは観光の重要な機能となる。第 3 は，「非日常的な空間」を体験し学習することによって知的好奇心や場的好奇心が私たちの心を満たすことになる。

　近年では「非日常的な空間」への移動や滞在だけでなく，身近な空間としての「日常的空間」も見直されるようになり，そこでの新たな余暇やレクリエーション活動，あるいは体験活動も観光のひとつとして考えられている。

　ツーリズムとレクリエーションの関係を見てみよう（**図 1-1**）。ツーリズムは観光であるし，レクリエーションは余暇，娯楽，レジャーと訳される。Gunn（1988）は「ツーリズムとレクリエーションは区別しても，結局は同じ現象であり，同一のものである。ツーリストはツーリズムの行為者である。レクリエーションは“プレジャー”と“エンジョイメント”，そして人びとの生活をより豊かにする活動である。あえて両者を分けるとすれば，ツーリズムには商業主義の色彩があり，民間が関与するのに対して，レクリエーションは公共が関与する事業である」とする。

　さらに，Tribe ほか（2000）は「ツーリズムとレクリエーションを区別するのは明確ではないが，日帰りがレクリエーションで，宿泊するのがツーリズム」と言う。ともかく，ツーリズムとレクリエーションとを区別する必要はない。

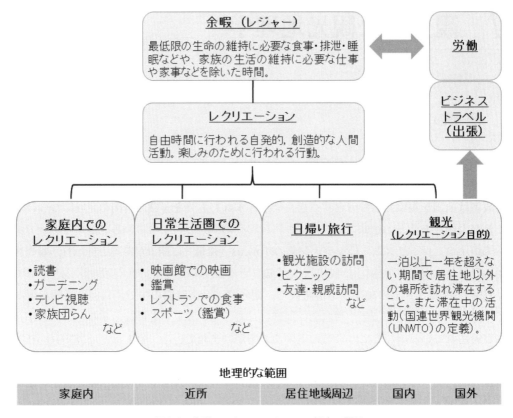

図 1-1　余暇，レクリエーション，観光の関係

（Chris Cooper (1998) *Tourism: Principles and Practice*, FT Press. の図を日本語訳，薬師寺浩之作成）

2．観光の歴史的展開

（1）ヨーロッパの観光地域の発達

　菊地（2018）によると観光の発展は大きく 3 つの時期に区分できる。それぞれの時期は時代背景，社会，経済環境，観光に対するニーズや意識，産業としての観光のあり方により，古代から中世までのツアーの時代，近世から近代まではツーリズムの時代，そして現代はマス・ツーリズムの時代として分けられる。

　ツアーの時代では，観光の客層は貴族，僧侶，騎士などの特権階級に限られていた。ギリシャ・ローマ時代の観光の目的はオリンピアの競技会観戦やアポロン神殿の参拝，デロス島やエーゲ海の島々への転地保養など体育，保養および宗教を中心とするものであった。

　ローマ帝国の拡大にともなって道路網が整備され，2 世紀後半には貴族や貿易商人などのギリシャへの旅が一般化し，エジプトのピラミッド見物も行われた。観光の目的に保養・療養や食道楽および芸術や登山が加わり，ガストロノミー（美食）と温泉療養の組み合わせがローマ時代の観光の特徴であった。美味しいものを食べ，疲れた体を温泉でリフレッシュするローマ時代の観光は，今日の観光の原型である。この時代において観光が発達した時代背景としては，「パックス・ロマーナ」とよばれる安定した社会を確立し，貨幣経済

の浸透と，道路網が整備されたことがあげられる。ツアーの時代の観光は，ローマ時代に大きく発展した。

ローマ帝国が崩壊すると旅は衰退したが，11世紀から13世紀後半にかけての十字軍遠征で旅が復活し，聖地エルサレムやサンチャゴ・デ・コンポステラへの巡礼がさかんになり，信者がヨーロッパ各地から辺境の地に集まった。

ツーリズムの時代はグランドツアーの時代ともいう。14〜16世紀にはイタリアのフィレンツェから始まったルネサンスの影響を受けて，好奇心を満足させる教育的で私的旅行がイギリスでおこった。貴族や富豪の子弟が，イタリアやフランスをはじめヨーロッパ各地を巡る「グランドツアー（教養旅行）」が18世紀後半まで続いた。また，17世紀イギリスで療養温泉地が増加し，王室もこれを保護したがやがて娯楽の場へと変化した。

産業革命を経て鉄道が発達し，海岸リゾートの発展に伴って温泉地は衰退した。1841年トーマス・クックが鉄道利用の団体ツアーを始め，アメリカのツアーも企画して旅行業のパイオニアとなった。この時期ドイツでは温泉地が療養・保養地として発展し，ライン川沿いのバーデン・バーデンには豪華なクアハウス，飲泉場，劇場，カジノなどが整備され，各国の貴族が集まり，ヨーロッパの「夏の首都」といわれるほどに賑わった。フランスでは貴族や富豪が，冬に暖かい地中海岸のニースに所有する別荘で過ごし，夏になるとアルプスへ移動した。

アルプスのリゾートが冬季にもさかんになったのは，スキーの普及である。スキーがアルプスに普及したのは19世紀末のことであり，レクリエーションとなるのは1920年代以降のことである。1965年以降になると，標高の高い非居住地や氷河上にもスキー場が開発され，とくにフランスやオーストリア西部でスキー場が大規模化した。

第2次世界大戦後はモータリゼーションの発達に伴い，経済的に豊かな中部・北部ヨーロッパから南部ヨーロッパへの広域観光がさかんになった。スペインのマルベーリャのように，漁村が海岸リゾートへ変容する地域が急増した。やがて観光の大衆化はマス・ツーリズムの時代を迎えた。

(2) アメリカ合衆国の観光地域の発達

山村（2012）によればアメリカ合衆国はイギリスの植民地であった17世紀には，人びとは厳しい自然環境の中で生きることに必死であった。18世紀になるとハンティング，フィシング，ライディングなどのレクリエーションが広がった。1869年に大陸横断鉄道が開通し遠隔地への旅が増えると，ナイアガラの滝はハネムーンのメッカとなった。ミシシッピ川河畔のセントルイスとニューオーリンズを結ぶ観光蒸気船も往来した。

19世紀後半には西部の大自然が東部の人びとだけでなく，ヨーロッパからの観光客を魅了した。モンタナ州の探検家6人が，イエローストーン地域で間欠泉や温泉，湖，滝，森林，渓谷，草原が広がる大自然の景観に感動し，当時の大統領の許可を得て1872年3月1日，世界初のイエローストーン国立公園が指定された。

第2次世界大戦後，北東部では都市化の進展にともなって農漁村地域が観光化した。その後西部のロッキー山脈に分布する国立公園のほか，全国的に各種の自然公園が保全され

観光客が増加した。また，ロサンゼルス近郊のディズニーランドをはじめ，民間資本による本格的なテーマパークが各地に数多く開設された。その一方で，歴史的町並みの再生やウォーターフロントの再開発も活発化し，多様な観光開発が展開している。

(3) 日本の観光地域の発達

山村（2012）の研究によると 645 年の大化の改新以後，律令制のもとに五畿七道が制定され，国府に通じる駅路が整備された。718（養老 2）年には諸道に駅の設置が定められたが，これが日本の旅制度の始まりである。公的な駅舎のほかに，行基などの僧侶が旅人を泊める布施屋の設置や橋を整備し，旅人のために道のかたわらに果樹を植えたという。

平安末期には末法思想と浄土信仰が広まった。阿弥陀如来を祀る熊野本宮，薬師如来を祀る熊野新宮，観世音菩薩の那智社を巡る熊野三山詣が普及した。院政期の白河，鳥羽，後白河，後鳥羽上皇はたびたび熊野へ参詣した。

室町時代になると，弘法大師（空海）に因む四国八十八か所巡り，近畿地方の観音霊場を訪ねる西国三十三か所札所巡りなどが，一般大衆にも広がった。

江戸時代では五街道が整備され，参勤交代制度が定着した。近江商人や富山の薬売りなどの行商，さらに庶民の信仰の旅が普及して，本陣，旅籠，茶店などが並ぶ宿場町や門前町が発展した。太陽神の天照大神を祀る内宮と農業神の豊受大神を祀る外宮に参拝し，二見浦などを巡る伊勢参宮は，講を作って旅をする団体参詣客で賑わった。近隣地域の神仏詣もさかんとなった。漢方医の指導の下に，草津，那須，有馬，城崎，道後などをはじめ，各地の温泉地での湯治が普及した。

明治維新後，新政府の富国強兵，殖産興業政策で資本主義が発展すると中間層が誕生した。大正期から昭和初期になると大都市と周辺の名所・旧跡，温泉地などを結ぶ交通網が形成され，とくに私鉄資本による観光地が発達した。東京周辺では東急や西武の箱根，東武の日光・鬼怒川，京成の成田山，大阪周辺では阪急の宝塚・箕面，近鉄の生駒山，南海の高野山の観光開発がその例である。

1931（昭和 6）年に国立公園法が制定され，1934 年 3 月に瀬戸内海，雲仙，霧島，同年 12 月に阿寒，大雪山，日光，中部山岳，阿蘇が指定を受け，さらに 1936 年に十和田，富士箱根，吉野熊野，大山が追加指定されて，自然公園における観光レクリエーションが促進された。

1960 年代の高度経済成長のもとで観光ブームが到来し，マス・ツーリズムが全盛となった。団体観光客が 1〜2 泊程度で自然景観地や名所・旧跡を巡り，温泉地に宿泊する広域観光が主流となり，宿泊施設，交通機関，旅行会社などの観光業が急成長した。国立公園，国定公園の中に観光道路，ロープウェイ，遊園地などが開発され，温泉地では高層旅館，ホテルが林立する大規模で画一的な観光・歓楽温泉地へと変容した。この時期にはゴルフ場，スキー場や別荘地の開発が著しく，農山漁村では民宿が急増した。別荘地開発は大小の外来資本が投機的目的のため山林原野をスプロール的に開発したものが多かった。

大規模観光開発は自然破壊を引き起こすものもあったが，1973（昭和 48）年のオイルショックで中断された。その後歴史的町並み（文化庁），青少年旅行村（旧運輸省），自然

休養村（旧農林省），自然休養林（林野庁），レクリエーション都市（旧建設省），国民保養温泉地（旧環境庁）などで地域の発展を目指した観光政策が実施された。

しかし，1980年代後半の内需拡大，バブル経済期には，再び投機的開発が全国に展開した。1987（昭和62）年6月，中央6省庁が一体となり，「総合保養地域整備法」（リゾート法）を成立させた。この法案は余暇時代の滞在型リゾートを整備するものであったが，各県当局の計画は，主に民間資本と行政の共同出資による第3セクター方式のスキー場，ゴルフ場，マリーナやリゾートマンションなどの画一的な開発が多く，その後のバブル崩壊にともなって計画は頓挫した。

平成になると，慰安目的の団体旅行から家族や友人連れの小グループ旅行へと変化した。航空機の大型化や新幹線や高速道路など交通網が整備されると，遠隔地への観光が可能となった。さらに高齢化社会を背景に格安ツアーや海外旅行も容易となった。

一方，国内の観光地は内外観光地との競争に敗れ，温泉街に活気がなくなり宿泊客も減少した。農山漁村の民宿も衰退傾向にあった1994（平成6）年に「農山漁村余暇法」（グリーン・ツーリズム法）が制定され，滞在型余暇活動推進のために体験型民宿として再生を図っている地域もあるが，一般にその経営は厳しい。また，都市においては都市自らが都心にテーマ性の施設を新設して観光客を集めている。

2003（平成15）年，国土交通省を中心に国際観光におけるアウトバウンドとインバウンドのアンバランスを解消するために，約500万人の訪日外国人客数を2010（平成22）年には1,000万人へと倍増させる「ビジット・ジャパン」キャンペーンが始まった。その結果2010年の訪日外国人客数は861万人，2018（平成30）年には3,119万人に増加した。2007年1月に，「観光基本法」（1963年制定）を全面改訂し，改称された「観光立国基本法」が施行され，2008年10月には観光庁が発足した。観光地と内外の観光客の双方に関わって，持続可能で多様な観光地域社会の構築が問われている。

 【コラム】避暑から始まる観光地，軽井沢

軽井沢は江戸時代には五街道のひとつである中山道の宿場町であり，軽井沢宿（旧軽井沢），沓掛宿（中軽井沢），追分宿（信濃追分）が置かれていた。また，浅間山を望む景勝地としても有名であった。

江戸幕府が倒れ明治時代に入ると，参勤交代もなくなったため宿場町は衰退していく。また，1884（明治17）年には碓氷峠を越える碓氷新道（現在の国道18号）が開通すると，軽井沢宿は新道のルートからも外れ，宿場町としての機能を失った。

1885（明治18）年夏，カナダ人の聖公会宣教師アレクサンダー・クロフト・ショーが友人である東京帝国大学英語講師ジェームズ・メイン・ディクソンと酷暑の東京から逃れ軽井沢をたまたま訪れた。高林薫平の居宅を借り，7月〜8月まで滞在した。ショーは軽井沢の冷涼な気候や風土が故郷のトロント，父の故郷スコットランドに似ていると感じ「屋根のない病院」と紹介した。ショーは翌年ディクソン夫妻を伴い再訪している。

ショーは1888（明治21）年「つるや」（現在のつるや旅館）の主人佐藤仲右衛門の斡旋によって，軽井沢の大塚山に軽井沢初の別荘を建設した。これが保養地・避暑地としての軽井沢の

始まりである。この別荘は現在ショーハウス記念館として，ショー記念礼拝堂の裏にある。

1894（明治27）年にはディクソン夫妻から洋食や外国人の生活習慣を学んだ佐藤万平が，軽井沢で最初の様式ホテル「亀谷ホテル」（後の万平ホテル）を創業した。その後1899（明治32）年には「軽井沢ホテル」，1906（明治39）年には「三笠ホテル」も開業して宣教師，知識人，文化人の間で人気を博した。

大正時代の初期には箱根土地（現在のプリンスホテル），鹿島建設，野沢組などの大手資本によって土地分譲が始まった。それまで旧軽井沢中心であった別荘地が南へ西へと開発され，第一次世界大戦後訪問客は日本人有産階級の人たちが外国人を上回るようになった。このため外国人先駆者たちがつくり上げてきた質素で高潔な避暑地から，華やかな別荘地へと変化し，軽井沢の中心である旧軽井沢商店街は「軽井沢銀座」と呼ばれ賑わうようになった。この頃にはゴルフ場，テニスコート，乗馬などのスポーツ施設も相次いで新設された。

戦後の一時期進駐軍の保養施設として接収され，基地的様相を呈した。1953（昭和28）年には在日米軍の浅間山演習地の設置問題が持ち上がったが，町民，別荘客が反対運動をおこし取り止めとなった。1952年には夏の避暑地だけでなく冬期の観光客を誘致しようと町内5か所にスケートリンクが新設された。銀盤号スケート列車，スケート専用列車・バスなどが運転され冬期観光の脚光を浴び，1963（昭和38）年には50万人のスケーターや観光客が訪れてスケート全盛時代を迎えた。夏の避暑地から始まった軽井沢は，一年中賑わう観光地へと変容した。

写真1-1　軽井沢発祥の地「ショー記念礼拝堂」（左）と浅間山（信濃追分から）（右）

（4）アジアの観光地域の発達

東南アジアではフィリピンのバギオ，インドネシアのバンドン，マレーシアのペナンやキャメロンハイランドなど旧宗主国の高原避暑地や海岸リゾートが形成された。その後新たに外国人観光客を対象としたリゾート開発も多く，タイのパタヤ・プーケットやインドネシアのバリ島にあるサヌールなどは，ヨーロッパや日本からの客を多く集めている。

韓国は1980年代から韓国観光公社による観光地化が始まった。観光公社は，韓国北東部の雪岳山国立公園の自然景観を生かし，中東部の慶州国立公園では新羅の首都であった歴史景観を保全した。普門湖リゾートを開発し，済州島中文地区では海岸リゾートを形成した。

中国では 1978 年の改革開放政策によって，新たな観光地が誕生した。国営だった遼寧省の湯崗子温泉は，温泉病院を核とした療養施設から観光客を受け入れる施設へと転換した。北京の紫禁城，天壇や郊外の万里の長城，青島のドイツ風街並み景観，内モンゴルのフフホト郊外では，モンゴル族のパオ集落が観光客を集めている。古都西安のシンボル大雁塔や碁盤目の町並み，郊外の兵馬俑遺跡や華清池，敦煌の仏教遺跡，四川省の九寨溝，雲南省麗江の黒瓦屋根の景観と伝統的な町並み，桂林の石灰岩地形，蘇州の水郷風景や上海の近代的な都市景観など，世界遺産を含む多様な景観が旅人を楽しませてくれる。

台湾も大都市台北や高雄の都市景観や東海岸の太魯閣渓谷，変化に富む海岸地形，原住民の風俗，中部の日月潭，阿里山の森林鉄道や山腹の一大茶園など見どころが多い。

観光部門に力を入れているのはモンゴルである。首都ウランバートルから約 360km 離れたハラホリンでは，モンゴル帝国時代の宮殿，寺院，町並みを再現している。

アジア各地の観光地は第 4 ～ 6 章に記載した。

3．観光に関する 11 のフォーカス

観光の魅力とは何か？重要な要素を 11 のフォーカスとして**表 1-1** にまとめた。

ここでは農村観光について詳しく説明しよう。ドイツ，フランスで 1970 年代母屋や作業所を改造して宿泊施設を設け，地中海など有名な観光地に向かうバカンス客を，国内に振り向ける試みがなされた。その背景には社会的経済的に行き詰まりを見せていた農山村経済に，少しでも観光市場が貢献するように，農家の副業として民宿経営やレストランの開業を農業省が勧めたのである。

次に農業観光の取り組みを，山崎光博（2002）の研究からいくつかの国の事例を紹介しよう。

（1）ドイツ

国内産業ならびに農村社会の維持に貢献する観光産業と位置付け，1970 年代初めにス

表 1-1　観光に関する 11 のフォーカス

	内　容
まちづくり	住んでよいまち，訪れてよいまち，統一感のある景観づくり，地域の個性を見せる
ホスピタリティ	「こうあって欲しい」ことを先回りしてもてなす
都市観光	古代ギリシャからの観光の王道，「物語」が堆積する場所，文明を観るのが西洋の観光，18 世紀に流行したグランドツアーの目的地はローマ
農村観光	ルーラル・ツーリズム，グリーン・ツーリズム
景観	人と環境との相互作用でつくられる
食	観光に密着したフードサービス産業，土地固有の食
宿	仮寝の場から目的の場へ，地域に根ざした宿の魅力
お土産	作り手と使い手のコラボレーション，特色ある郷土色，食べやすさ，使いやすさ，お土産購入の舞台は「朝市・市場（マルシェ）」
集客施設	なぜそこに人が集まるのか？　テーマパークだけじゃない
イベント	求められる交流型の仕掛けづくり，非日常の世界に人を集める
コンベンション	何でもできる強力活性化装置，巨万の富を産む魔法の箱

（アエラムック『観光学がわかる。』より筆者作成）

タートした。『農家で休暇を』事業に全国約 2 万軒が参加し，近年では旧東ドイツ農村部にも拡大している。

(2) フランス

　農村景観そのものの維持に貢献するビジネスと位置付けている。フランス民宿連盟が約 5 万軒の民宿ネットをフランス全土に張り巡らし，全世界にグリーン・ツーリズムを発信している。農家による民宿経営，都会からの退職者が農家を購入して民宿経営を展開している。農家レストランは 400 軒を数える。快適なベッドを持つ民宿と郷土料理の連携が成立している。

(3) イギリス

　農業経営の多角化事業が展開している。観光省田園地域委員会やファームホリディ・ビューローが中心となって，農家の副業の一環として農村観光を進める。スローガンは「stay on a farm」，自然環境を愛する国民性を反映して，農村空間を国民的資源ととらえ，その担い手である農家も民宿経営と自然保護活動を一体化している。

(4) ギリシャ

　ツーリズム・ビジネスの育成を，農村女性の経済的自立の一手段としてとらえる。1980 年代に政府による男女平等評議会の後押しにより，全国農業ツーリズム協会が誕生した。農家民宿には積極的でなく，むしろ伝統的な農村文化を体現した特産品や工芸品の開発などに力を入れている。

(5) アメリカ合衆国

　ルーラル・ツーリズムの動きはあるが，農家や農村が主役となってのツーリズムではなく，先住民の集落見学などエコ・ツーリズムに近い。

(6) 日本

　1994（平成 4）年農水省から「グリーン・ツーリズム研究会中間報告書」が発表された。1993 年から 4 か年にわたって「農山漁村でゆとりある休暇を」事業が全国 200 か所で実施された。1995 年に「農山漁村滞在型余暇活動促進法」が施行され，農業体験可能な民宿の普及がすすめられた。当初は補助金を背景とした官設民営型（第三セクター方式）で推進されるタイプが主流であったが，今日では自分たちの身の丈に合った方式で，小さな民宿や農家レストランなどを経営するタイプが増えている。例えば，北海道では B&B をベースにしたファーム・インの普及，東北 6 県には地元食材を活かした農家レストランが増加している。農産物直売所も広がっていて，農村女性による企業活動団体も増えている。酪農家での小動物と触れ合う教育ファームへの取り組みも，重要な情操教育効果をもたらすという視点から広がりつつある。

　さらに，各地にグリーン・ツーリズム大学が誕生している。1995 年東京で「グリーン・ツーリズム（ファーム・イン）専門家養成講座」が始まり，「東北グリーン・ツーリズム・

フィールド・スタッフ・ミーティング」(1996 年),「九州ツーリズム大学」(1997 年),「秋田花まるグリーン・ツーリズム大学」(1999 年),「北海道ツーリズム大学」(2001 年) が開校された。グリーン・ツーリズムはスロー・ツーリズムであり,ソフト・ツーリズムであることを理解するには時間を要する。

4. 観光学と観光学への 11 のアプローチ

(1) 観光学

　岡本伸之（2002）によれば観光学は観光現象を手がかりに現代社会を読み解く学問であり,人びとの観光行動に起因する社会現象を対象とする学問である。ここでいう社会現象とは,社会科学だけではなく,生態学などの自然科学の知識が求められる。また,観光は異文化交流を意味するから文化を扱う人文科学の知識も必須となる。よって観光学は観光を対象として自然,社会,人文のそれぞれの既存の科学を採用して,観光現象の解明にあたることになる。その意味で観光学は学際的な学問である。

(2) 観光学に接近する 2 つの方法

　観光学には 2 つのアプローチの仕方がある。第 1 は,観光に対して既存の科学から接近する方法である。例えば,経済学は社会生活の経済的側面を対象にする学問であるが,観光現象の経済的側面を対象に経済学の知識を応用することにより,観光経済学が成立する。同様に観光心理学,観光社会学,観光文化人類学,観光地理学などがある。

　第 2 は,第 1 の方法と相互に補完的な方法で,既存の科学の枠組みを応用するのではなく,観光現象に直接接近する方法である。例えば,観光現象は経済現象や社会現象としての性格を持つと同時に,観光現象としてのまとまりをもった存在である。そこで,観光現象を説明するための観光学に固有の枠組みを設定して,観光現象を克明に記述することから始め,そこに何らかの原理原則や法則性を発見し,生起する事態の因果関係を理解し,説明しようとする。

　観光現象を説明するための観光学に固有の枠組みとは,観光現象の構図である。まず,観光行動と観光対象を対置させる。観光行動の背後には,観光行動を規定する所得,余暇,意識といった要因を想定する。観光対象は,素材としての観光資源,観光資源の観光行動に対する誘引力を引き出し,またそれ自体が観光客を満足させる観光施設とサービスからなると考える。一方,観光行動（観光者の行動,事業者の行動,地元民の行動）と観光対象を結ぶ媒介として交通と情報の機能が存在し,さらに,国や自治体の観光政策が,観光行動と観光対象の双方に影響をもたらすという構図が存在する。

　このような枠組みに沿って,観光行動論,観光資源論,観光施設サービス論,観光交通論,観光情報論といった分野が,観光学の体系において基幹部の中核を構成している。この第 2 の方法は観光現象を総合的に理解し,現実の問題解決に貢献するという重要性を持っている。

表 1-2　観光学への 11 のアプローチ

	観光学へのアプローチ
経済学	地域経済全体に及ぼす強力なインパクト
社会学	世界の動向を読み，新時代を模索
心理学	人と人との触れ合いに企業が交わるところ
地理学	自然や社会経済との関係から地域を理解
文化人類学	時代の波にあらわれる民族文化を読み解く
造園学	自然と調和した「らしさ」感じる風景づくり
社会工学	文系と理系の「和」を融合させ，地域の未来図を描く
医学	旅行による健康増進を考える
経営学	観光関連企業の効率的な経営を考える
商学	観光商品や観光地の効率的なマーケティングを考える
政策科学	観光政策の施策・実行・評価を考える

（アエラムック『観光学がわかる。』より筆者作成）

(3) 観光現象を読み解くためのアプローチ

　多くの要素からなる観光現象を読み解くには，他領域の学問ですでに確立している知識を応用することが有効である。そこからまだ解明されていない観光の特性や価値が見え，取り組むべき課題も見えてくる。これまでの観光研究には 11 あり，それぞれの研究手法は異なっている（表 1-2）。観光地理学はこのひとつである。

5. 観光地理学とその手法

　地理学的側面を対象に，観光現象をとらえる学問が観光地理学である。すなわち地理学的手法を取り入れ，自然や社会経済との関係を地理学的視点からとらえ，地域を理解する学問である。ここでいう地理学的手法とは，地域の特性を各種の地図で読み解く力（読図）と現地調査，さらに現地調査で得られた人びとの声を聞くことであり，分析した結果を地図化することである。特に現地調査は地理学研究において重要なものである。観光地理学の場合は，観光地を訪問する人，訪問客を受け入れる人，双方の立場の率直な考えを聞くテクニックも必要になる。研究者は常に真摯でやさしいまなざしを持つ人が望ましい。

　地理学は一般に観光に限らず目に見える地域的現象に対して敏感で，フィールドワークによる観察と得られたデータを整理して，その現象の発展のプロセス，その現象の空間的広がりと自然条件や社会経済的条件との関係などの分析を通して，地域を理解しようとする広い視野を持っている学問である。したがって欧米諸国でも日本でも，観光地の研究に早くから取り組んだのは地理学者だった。

　観光地理学を学ぶために，私たちはまずその観光地の発展過程を調査し，発展の背景にある自然的，社会的条件などを追求することが求められる。その観光地がどのような歴史を持ち，どのような条件のもとに今日まで発展してきたのかを知ることが重要である。

　観光地理学の研究は広範囲にわたる。観光地そのものの研究に加えて，国全体または大都市とその周辺における観光地の分布，立地，規模，形態，性格，観光客の流動や観光地での行動，またその季節性などを把握することも重要である。観光地の資源や景観の分析と評価，観光需要予測，観光地のイメージ形成なども観光地理学の分野である。

2 世界の観光資源

1. 観光資源とは

　人びとに「○○○○に行きたい」という観光欲求をおこさせる魅力を持ち合わせたものを観光資源という。この用語は1930年頃に当時の鉄道省の外局である国際観光局が「Resources for Tourist」という語を訳して用いたことがその原点となっている。

　観光資源を大きく分けると，山岳，高原，湖沼，海岸などの特徴ある自然観光資源，人間が作り出した有形，無形の産物，祭りなどの年中行事，イベント，社寺仏閣，建造物，史跡などの文化観光資源，それに田園景観や町並みなど自然観光資源と人文観光資源が密接に結びついた複合型観光資源がある。ユネスコの世界遺産も自然遺産，文化遺産，複合遺産のカテゴリーに分けられている。

2. 観光対象と観光施設

　観光対象（Tourist Object）とは観光者を惹きつける誘引力をもつもの全体を表す用語で，観光地をイメージするとよい。この観光対象を構成しているのが観光資源と観光施設（Tourist Facilities）である。**表 2-1** には観光資源の分類例を示した。この表の小分類では，文化観光資源と文化観光施設が多様であることがわかる。観光施設には宿泊・飲食などのサービスやテーマパークも含まれる。観光資源と観光施設が合わさり観光地をつくることになる。

3. 世界の観光資源

(1) 世界遺産

　世界遺産とは「顕著な普遍的価値」をもつ自然や文化財を世界遺産条約に基づき，世界遺産リスト」に記載して国際的に守っていくものである。世界遺産条約の正式名称は「世界の文化遺産及び自然遺産の保護に関する条約」という。この条約は1972年の第17回ユネスコ（国際連合教育科学文化機関）総会にて満場一致で採択された。現在193の国と地域が加盟する，世界最大規模の国際条約である。

　文化遺産と自然遺産それに複合遺産の3つに分けられる。文化遺産は人類の歴史が生み出した，記念物や建造物群，文化的景観などである。自然遺産は地球の生成や動植物の進化を示す地形や景観，生態系などである。複合遺産は文化遺産と自然遺産の両方の価値を兼ね備えているものとされる。

　2020年現在，1,121件が登録されている。その内訳は文化遺産869件，自然遺産213

表 2-1　観光資源の分類

大分類	中分類	小分類	種類
観光資源	観光資源	自然観光資源	山岳，高原，湿原，河川，渓谷，滝，海岸，岬，島，岩石・洞窟，動物，植物，自然現象，天体，気候（温度・雪），地理（地勢・位置）等
		歴史観光資源	史跡，神社，仏閣，城郭，庭園，名園，記念碑，像，歴史的建築物（武家屋敷，町屋，古民家，芝居小屋，蔵）等
		近代観光資源	動物園，植物園，博物館，美術館，水族館，近代公園，遊園地，テーマパーク，近代的建築物（ビル，タワー，橋，ダム）等
		無形観光資源	祭り，芸能，食，行事，暮らし，民話，伝承，風俗，人物，言語，映画，演劇，音楽，美術，文学，マンガ，アニメ，ゲーム，イベント，ファッション等
		景観観光資源	歴史景観（街並み，旧街道），田園景観（棚田，ブドウ畑），郷土景観（朝市，田植え），都市景観（夜景，高層ビル群，繁華街）等
		産業観光資源	産業遺産（工場，鉱山），伝統工芸工房，窯元，酒蔵，味噌蔵，近代的工場施設，地場産業施設，町工場，研究所等
	観光施設	レクリエーション施設	宿泊施設，温泉施設，ゴルフ場，スキー場，海水浴場，スポーツ競技場，農業公園，観光農園，観光牧場，参加体験施設（農業体験施設，漁業体験施設）等
		観光サービス施設	飲食施設，ショッピング施設（アウトレットモール，土産店，産地直売所），道の駅，休憩施設（ドライブイン，SA，PA）等

注）下線部つきの観光資源名は，文化観光資源・文化観光施設を指す.
安田亘宏（2015）『観光サービス論－観光を始めて学ぶ人の 14 章』（古今書院）より薬師寺浩之が作成.

件，複合遺産 39 件で，国別でみるとイタリアと中国の 55 件，スペイン 48 件，フランス 45 件の順に多い。日本は 1992 年条約に加盟し 23 件（文化 19，自然 4）が登録済みである。

　一方で，武力紛争，自然災害，大規模工事，都市開発，商業的密漁などにより重大な危機にさらされている世界遺産，すなわち「危機遺産」がある。

（2）聖地巡礼

　聖地とは神や精霊と交流できる場所，聖人などにゆかりのある場所，民族の起源や神話において重要とされる場所をさす。以下に例を挙げよう。

①ムスリム（イスラム教徒）のメッカ巡礼（ハッジ）

　ムスリムの五行（信仰告白・礼拝・喜捨・断食・巡礼）の一つで巡礼月（イスラーム暦の 12 月 8 日に開始）には毎年 200 万人以上の巡礼者がムハンマドの生誕地であるメッカを訪れる。

②キリスト教徒

　エルサレム（ユダヤ教やイスラームの聖地），ヴァチカン（カトリックの総本山），サンティアゴ・デ・コンポステラ（スペイン）が三大巡礼地として有名である。特にエルサレムはキリスト教徒にとっても重要な聖地であり，世界中から数多くの人たちが巡礼に訪れている。キリスト教では他にルルド（フランス）やグアダルーペ（メキシコ）のように，聖母マリアの出現地として知られる巡礼地があり，奇跡を求める巡礼者が絶えず訪れる。

③チベット仏教（ラマ教），ボン教，ヒンドゥー教，ジャイナ教の聖地

　カイラス山（カン・リンポチェ，6,656m）はチベット高原西部にある。ここでは五体投地（両手・両膝・額を地面に投げ伏して行う礼拝）による巡礼が有名である。

④ヒンドゥー教

　インドではヒンドゥー教徒の多くが，川や貯水池で沐浴を行う。最大の聖地はガンジス川（ガンガー）中流部のヴァラナシである。ガンジス川で沐浴をし，祈りを捧げるために各地から信者が訪れる。

⑤アボリジニ（オーストラリアの先住民）の聖地

　ウルル（エアーズロック）は，アボリジニの人たちの聖地であり，祖先や精霊との交流が図られる場所である。ウルルは 2019 年 10 月以降アボリジニ以外の立ち入りが禁止されるようになった。

⑥もう一つの聖地巡礼

　現在の「聖地」ということばは，宗教用語としての聖地ではなく，アイドルやアニメファンの間で用いられるようになった語であり，大好きなアイドルや作品ゆかりの地をさす。2007 年ごろからメディア環境の変化によりアニメ作品のデジタル化が進む一方で，ファンの間でも情報や画像・動画の共有が容易になり，アニメファン自身が生み出す新しい旅行形態としての，作品の舞台地巡り，いわゆる「聖地巡礼」が大きな話題となる。巡礼の構造をそのまま世俗的な対象へと置き換えていったのが，アニメのロケ地をめぐる「聖地巡礼」や著名人の墓地や生家，有名なラーメン店，パワースポットなどをめぐる新しい意味での巡礼がある。

　その他の観光地域は第 3 章以降に詳しく記載したので，日本と世界各地の様子を知ってもらいたい。

 【コラム】「サンティアゴの道」

　サンティアゴ・デ・コンポステラはスペイン北西部ガルシア州の州都である。サンティアゴとはスペイン語でキリストの十二使徒のひとり，聖ヤコブを意味している。聖ヤコブは紀元 44 年，ヘロデ王に斬首されエルサレムで殉教，その遺骸が生前の布教地であったスペインに運ばれた。9 世紀初頭にサンティアゴの地に聖ヤコブのものとされる棺が発見され，この棺の上にサンティアゴ教会が建てられた。サンティアゴへとつながる巡礼路は数多くあるが，最も有名な道は「サンティアゴの道（カミーノ・デ・サンティアゴ）」とよばれる。これはパリやルピュイなどフランスを起点とする複数の道が，ピレネー山脈を越えたプエンテ・ラ・レイナで合流し，スペイン内陸部を通ってサンティアゴに至る道である。

　中世期最大の巡礼地に成長したサンティアゴは 11 世紀末から 13 世紀にかけて全盛期を迎え，ヨーロッパ全域から年間 20 〜 50 万人の巡礼者が来訪した。巡礼路の要衝に位置したブルゴスやレオンは巡礼路都市として栄えた。これらの巡礼路に沿って点在する町には，教会や修道院，施療院といった宗教施設や医療施設の他，巡礼者用の宿泊施設が用意され，巡礼者は食事や宿泊，医療などのサービスを受けながらサンティアゴをめざした。巡礼者はホタ

テ貝を身に着けて歩いた。ホタテ貝は巡礼の通行証となり，サンティアゴ巡礼のシンボルと
なった。「サンティアゴの道」のスペイン国内の部分は，1993年にユネスコの世界文化遺産
に登録された。2004年に世界遺産に登録された「熊野古道」と姉妹街道になっている。

　巡礼者は13世紀がピークで，14〜15世紀には戦乱やペストの流行などで沈静化，16世紀
になると宗教改革の影響を受けて巡礼者は激減した。1980年代から再び巡礼者は増加している。

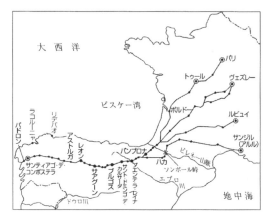

図2-1　サンティアゴ・デ・コンポステラへの巡礼路
（菊池俊夫，2008）

写真2-1　左：サンチアゴ・デ・コンポステラ大聖堂，右：市内の家並み（北田晃司）

3 日本の観光地域

1. 日本の観光資源

(1) 日本の世界遺産

日本では，文化遺産として，法隆寺地域の仏教建造物が 1993 年に初めて登録され，古都京都や奈良の文化財，日光の社寺など現在 19 件が登録されている。

自然遺産には，白神山地と屋久島（1993 年），知床（2005 年），小笠原諸島（2011 年）の 4 件が登録されている。

複合遺産は文化遺産と自然遺産，両方の価値を兼ね備えているもので，日本には現在まで登録はない。

日本の世界遺産には伝承する価値のある自然や文化がたくさんあることを，私たちに気付かせてくれる。なかには原爆ドームや明治日本の産業革命遺産や潜伏キリシタン関連遺産など，社会的な意味の深いものまで多様である（図 3-1，写真 3-1，3-2）。

(2) ユネスコ世界ジオパーク

ジオパーク（Geo Park）は科学的に貴重な，あるいは景観として美しい地形や地質を生かしたいわば「大地の公園」である。ユネスコのガイドラインによれば，ジオパークは地形・地質などの「大地の遺産」を保全するとともに，研究・教育・普及に活用し，さらにはジオツーリズムを通じて地球の持続可能な発展に活用することを目的とする。地形・地質はその場所の生態系に大きな影響があり，その生態系の中で暮らす人間の生活様式や文化にも影響を与えてきた。このような観点から，ジオパークでは生態学的，考古学的遺産や文化遺産もジオパークの活動の対象として含めることとしている。

ジオパークでは自然観察路などが整備され，見どころには説明看板が立てられ，ガイドマップやガイドブックが出版され，ガイド付きのツアーが行われる。これらの活動は地元の人が企画・実行することが望ましいとされている。世界遺産とジオパークとの違いは，世界遺産の主目的が重要な遺産の保全であるのに対し，ジオパークでは保全と活用を両立させようとするところにある。

2000 年のヨーロッパジオパークネットワークの設立，2001 年のユネスコ執行委員会において，ジオパーク活動への支援が決まる。2004 年にユネスコの支援で世界ジオパークネットワーク（GGN）が設立された。この GGN が世界のジオパーク活動の推進と支援を行っている。GGN 加盟ジオパークはその活動の状況を 4 年に 1 度再評価され，充分な活動が認められないとネットワークから除名される。現在，世界 44 か国で 161 が認定され，日本では「洞爺湖・有珠山」，「糸魚川」，「山陰海岸」，「島原半島」，「室戸」，「隠岐」，「阿蘇」，「アポイ岳」，「伊豆半島」の 9 地域である（図 3-2，写真 3-3）。

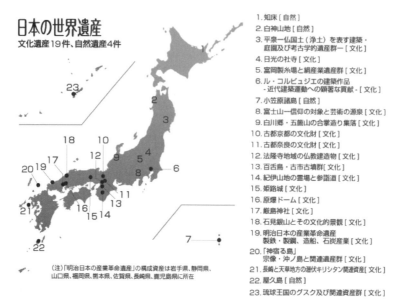

日本の世界遺産
文化遺産19件、自然遺産4件

1. 知床［自然］
2. 白神山地［自然］
3. 平泉―仏国土（浄土）を表す建築・庭園及び考古学的遺産群―［文化］
4. 日光の社寺［文化］
5. 富岡製糸場と絹産業遺産群［文化］
6. ル・コルビュジエの建築作品
　- 近代建築運動への顕著な貢献 -［文化］
7. 小笠原諸島［自然］
8. 富士山―信仰の対象と芸術の源泉［文化］
9. 白川郷・五箇山の合掌造り集落［文化］
10. 古都京都の文化財［文化］
11. 古都奈良の文化財［文化］
12. 法隆寺地域の仏教建造物［文化］
13. 百舌鳥・古市古墳群［文化］
14. 紀伊山地の霊場と参詣道［文化］
15. 姫路城［文化］
16. 原爆ドーム［文化］
17. 厳島神社［文化］
18. 石見銀山とその文化的景観［文化］
19. 明治日本の産業革命遺産
　　製鉄・製鋼、造船、石炭産業［文化］
20.「神宿る島」
　　宗像・沖ノ島と関連遺産群［文化］
21. 長崎と天草地方の潜伏キリシタン関連資産［文化］
22. 屋久島［自然］
23. 琉球王国のグスク及び関連資産群［文化］

（注）「明治日本の産業革命遺産」の構成資産は岩手県、静岡県、山口県、福岡県、熊本県、佐賀県、長崎県、鹿児島県に所在

図 3-1　日本のユネスコ世界遺産（2019 年時点）（百舌鳥・古市古墳群 HP より）

写真 3-1　文化遺産，左：旧富岡製糸場，右：天草大江教会

写真 3-2　自然遺産，小笠原諸島・父島
左：隆起サンゴ礁，右：特異な形態の樹林（ともに原　眞一）

図 3-2　日本ジオパーク認定地区（2020 年 4 月現在）
★印はユネスコ世界ジオパークにも認定（日本ジオパークネットワーク HP より作成）

写真 3-3　世界ジオパーク　左：山陰海岸，立岩（京都府），右：島原半島，雲仙普賢岳（長崎県）

（3）温泉保養療養地

ここでは山本充（2008）の研究を紹介する。

①日本における温泉の起源

日本各地の温泉には様々な伝説が残されている。まず，動物が発見したという伝説がある。青森県の浅虫温泉や酸ケ湯，群馬県の鹿沢温泉，三重県の湯の山温泉では鹿が，岩手県の鉛温泉や富山県の越中山田温泉は猿が，岐阜県の下呂温泉や愛媛県の道後温泉，佐賀県の武雄温泉は白鷺が発見したと伝えられている。有馬温泉では，水溜りに傷ついた三羽のカラスが水浴びしていたが，数日でその傷が治ったという。

歴史上の人物が発見したという温泉も多い。とりわけ弘法大師が発見した温泉は数多く，青森県の恐山温泉，山形県の温海温泉，群馬県の法師温泉，静岡県の修善寺温泉など

があげられる。福島県の飯坂温泉，群馬県の草津温泉は，日本武尊が発見したという伝説がある。有馬温泉も，奈良時代に行基が旅の途中で病人に出会いその願いを叶えたところ，薬師如来の姿となって有馬温泉の再興を頼んだという。724年行基は温泉を復興し，温泉寺と蘭若院・施薬院・菩提院を建立している。

②温泉の普及

　江戸時代になると将軍・大名・武士のみならず，農民・職人・商人までが温泉を利用するようになる。湯治は旅の一部，遊興の一部として行われ始めた。1604（慶長9）年徳川家康が熱海温泉へ7日間湯治に来た記録がある。さらに熱海の本陣，今井家には1629～1845年にかけて全国の城主65名が来湯している。一般民衆の湯治の記録として，上総国（千葉県）夷隅郡三門村の農民8名が，医者の勧めで草津温泉での40日間の湯治の願い出をしている。このように大名から民衆へと湯治は広がった。

③利用目的の変化

　療養を主とした湯治から，娯楽としての温泉利用が多くなってくる。元禄・享保期において江戸に近い箱根七湯（湯本，塔ノ沢，宮ノ下，堂ヶ島，底倉，木賀，芦ノ湯）が脚光を浴びてくる。文化・文政期になると，江戸から多くの町人たちが訪れるようになったという。さらに，伊勢講，富士講，大山講などの参拝講が発達し，それぞれが参詣旅行の途中に温泉に立ち寄るようになった。箱根では東海道を旅する旅人たちが小田原宿から流れてきて1泊する「一夜湯治」がさかんとなる。それまでは湯治として2週間～3週間温泉に滞在することが一般的であったが，1泊だけという行楽としての新たな温泉利用法が出現した。

④観光地としての温泉

　明治に入り全国で新たな温泉が開発されていった。交通網が整備されると都市に近い温泉だけでなく，離れた温泉にも人びとが訪れるようになり，湯治から保養，行楽が主となり，温泉地の規模も拡大されていく。明治10年代には全国で年間380万人が温泉を訪れていたが，大正期には1,680万人に増大している。すべての温泉が温泉観光地となったわけではない。依然として湯治場の性格を維持する温泉も多かった。草津には1876（明治9）年来，東京国立医学校の内科教授に着任したベルツが訪れるようになる。ベルツは「草津には無比の温泉以外に，日本でも最良の山の空気と，まったく理想的な飲料水がある。こんな土地がもしヨーロッパにあったとしたら，カルルスバード（チェコ・ボヘミア西部の都市，温泉保養地として世界的に有名）よりもにぎわうことだろう。」と述べている。そして草津で温泉研究所と療養所の建設を試みたが，実現しなかった。

　その後1929（昭和4）年に，日本温泉協会が設立され，翌年には機関紙『温泉』が創刊された。そして1933（昭和8）年，別府に九州大学医学部付属温泉治療学研究所が，1935（昭和10）年には北海道大学医学科付属温泉治療研究所が相次いで開設されている。温泉が観光地化し，行楽として訪れる人が増加する中で，科学的に温泉の効能を療養に活かそうという動きも現れてきた。

⑤現代の温泉

　秋田県八幡平の玉川温泉や宮城県の東鳴子温泉などは湯治場としてにぎわっている。東鳴子温泉では温泉療養医の指示によって，温泉療養やリハビリテーション治療の指導を受

写真 3-4　現代の温泉
左：下呂温泉（飛騨川河原に源泉が沸いている），右：箱根大涌谷

けることができ，また生活習慣病を予防するための食事指導や運動のアドバイスも受けられる。まさに湯治場としての機能を強化する試みで，温泉が原点へ回帰することで存続しようとする試みである。

【コラム】熱海ブランド再興へ

　1960 年代以降の高度経済成長期になり旅行が一般化する中で，企業の招待旅行や会社・団体の職員旅行という形態が生まれる。団体旅行に伴う宿泊客の増加により，温泉地において大規模な宿泊施設が建設されてきた。温泉街ではバー，キャバレーなど歓楽街が形成された。

　熱海では宿泊客数が 1957（昭和 32）年の 241 万人から，1964（昭和 39）年には 506 万人に急増している。1963（昭和 38）年熱海には旅館 308，保養所 266，貸間 32 を数え，その他に土産物店 73，飲食店 313，芸妓置屋・貸席 506，映画館 5，遊技場 43 など一大観光地となった。さらに 1965 年にはレストセンター，ホテル，遊園地を一体化した熱海後楽園がオープンした。

　熱海は海や温泉といった恵まれた環境に安住していると批判される中，宿泊客の減少傾向が続き，1980 年代後半からのバブルで再び上昇に転じた。バブルがはじけると客足は急に遠のいた。当時の市長は「熱海市の再生と発展を目指して」変革を断行する。まず不良債務をゼロにするため，水道料金の値上げなど一連の改革を実行する。2011（平成 23）年には年間宿泊者数が 250 万人を割り込んだが，起死回生の目玉の一つが 2012 年度からスタートさせた「アシスタントディレクターさん，いらっしゃい！」と称するメディア戦略だった。アシスタントディレクターはテレビや映画の制作現場で実務を担う人たちのことで，彼らをサポート

写真 3-5　海上から見た熱海の温泉街（原　眞一）

するため，視聴者受けしそうな現場を探し，日程を調整し出演者の弁当を用意する専従職員を市役所に置いた。そしてこの取り組みに旅館や商店，市民が全面的に協力した。

　熱海市はその後3日に1回の割合でバラエティー番組やドラマを通じ，どこかのテレビで放映されるようになった。宿泊者数も2012年度から回復し，2015年度からは300万人超で推移している。財政の好転で，足湯も備えたJR熱海駅前広場の改修，良質な食料品を「熱海ブランド」として認定して販売する事業，海岸と遊歩道の整備にも資金を投入した。観光客を飽きさせないために不可欠なものは投資だと当時の市長は言っている。

(4) テーマパーク，遊園地，動物園，植物園

　日本でテーマパークの概念が広まったのは，1983（昭和58）年の東京ディズニーランド開園からである。もとは1955年ウォルト・ディズニーが弟ロイとともにカリフォルニア州アナハイムにオープンしたのがはじまりで，フロリダ，パリ，香港にもオープンしている。アメリカ人にとっては一生に一度は行くべき聖地となっている。テーマパーク以前は遊園地ということばが使われていた。1983（昭和58）年長崎県西彼町に「長崎オランダ村」，1992（平成4）年に「ハウステンボス」がオープンした。その後2001（平成13）年に，巨大なテーマパークが東西で開業した。ひとつは東京ディズニーシーであり，もうひとつは大阪のユニバーサル・スタジオ・ジャパンである。

(5) イベント

　2020（令和2）年開催（2021年に延期）の東京オリンピック・パラリンピックや2025（令和7）年開催の大阪万国博覧会など。過去のイベント会場の跡地は現在も記念公園などになっている。

(6) リゾート

　リゾートは長期休暇の目的地ととらえられるが，多種多様なアトラクションを備え，滞在する観光客の行動がほぼ完結される施設をさす場合もある。東京ディズニーリゾート，星野リゾート，青山リゾート，ニセコ，トマムなどがあげられる。

(7) 祭り

　多くの祭りは宗教的な意味をもち，人びとに畏敬や感謝の念を抱かせる。ごくわずかの期間のみ行われ，季節感を伴う。またある地域固有の文化と結びつき，多くは野外で行われることから，その土地の街並みや風景と一体化している。人による動きと音を伴うダイナミックな風景が人びとをひきつける。京都の祇園祭，高知のよさこい祭り，秩父夜祭，徳島の阿波踊りなどがある。

2. 自然遺産：小笠原諸島

(1) 固有種の宝庫

　小笠原諸島は東京から南へ約 1,000km，太平洋上に浮かぶ海洋島である。一般の住民が暮らす父島と母島をはじめ，大小 30 余りの島々からなっている。人口は 1970（昭和 45）年に 1,595 人，1995（平成 7）年に 2,280 人，2017 年には 3,049 人と増加している。2011 年 6 月，孤立した小さな島の中で独自に進化を遂げた多くの固有の生きものやそれらの生態系の価値が認められ，世界自然遺産に登録された。島々を取り囲む豊かな海では，クジラやイルカ，ウミガメなどに出会える。なかでもザトウクジラやマッコウクジラはジャンプしたり，ひれで海面をたたいたりと驚きと感動で私たちは魅了される。

　小笠原諸島は約 5,000 万年前，絶海に隆起してできた海洋島である。小さな生きものや種子がたまたま海流や風，鳥などによって運ばれてこの島にたどり着き，それぞれがその土地に棲む環境に合わせて適応し進化した。小笠原諸島の植物（コケ類や藻類を除く）の場合，36％が固有種である。主な植生は温性高木林と乾性低木林で，2 つの性格の異なる森が多くの固有の動植物を育んできた。母島のワダンノキのように草が樹林になる「草本の木本化」やムニンアオガンビのようにめしべとおしべをもつ両性花が別々の個体に分化する「雌雄性の分化」などの特徴も認められる。独自に進化した固有種が多くみられることから，小笠原諸島は「東洋のガラパゴス」と称えられている（**写真 3-2** 参照）。

　また，進化の過程を観察できることが「進化の実験場」とも呼ばれている（三好和義，2016）。同一の祖先から様々な環境に適応して多様な種に分かれていく現象を「適応放散」というが，その典型例が陸産貝類（カタツムリの仲間）である。小笠原にはカタマイマイ属を中心に 100 を超える種類がいるが，そのうち 95％が固有種である。地上性，樹上性，半樹上性と棲む場所により分化し，その環境に合わせて殻の形態や色の変化が進んだ。ま

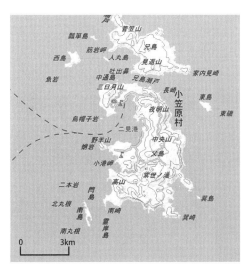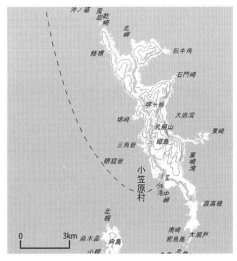

図 3-2　小笠原諸島　左：父島・兄島，右：母島
(地理院地図より)

たカタツムリから殻を捨て，ナメクジに進化する途上のオガサワラオカモノアラガイのような珍しい種類もある。

　小笠原でしか見られない貴重な自然に出会うには，エコツアーに参加するのがベストだ。ガイドの説明を聞きながら歩くと，新たな発見や感動がある。

(2) 自然資源の適正利用：南島を事例として

　ここに菊地俊夫らの研究（2018）を紹介する。小笠原諸島は日本において，エコツーリズム発祥の地として注目されている。小笠原諸島は1968（昭和43）年にアメリカ合衆国から返還された。1980年代前半に年間2万人前後の観光客があった。1980年代後半になると貨客船の大型化や離島ブームなどで訪問者数は2万5,000人前後に増大した。2010年までは毎年1万人以上の「コアなツーリスト」が訪れていた。2011年のユネスコ世界自然遺産登録を契機にして，観光客は2万人以上に及んでいる。そのため小笠原では自然資源の保全・管理とその観光利用とのバランスが課題となっており，「小笠原ルール」と呼ばれる自主管理によって，自然資源の保全と観光利用との調和が図られるようになった。日本において小笠原は，エコツーリズム研究の代表的なフィールドとなっている。

　南島は小笠原父島とともにその近海における観光の重要なアトラクションである一方，観光利用による環境の劣悪化がかつては存在した。1990年代前半までの南島では，観光以外にも無秩序な土地利用が行われ，そのため自然環境の劣悪化が顕著であった。

　南島における植生回復のプロセスをみると，1969年の時点で植生の後退が顕著であった。これはかつて島民の食料の貴重な蛋白源として飼育していたヤギが放置され，野生化し草や若木を食べてしまったためである。野生ヤギの食害は植生の退化だけでなく，50種前後の植物種数も20種以下に減少させてしまった。1970年代前半には野生ヤギの駆除が実施され，1980年代〜1990年代前半にかけて南島の植生は回復した。さらに植物種数も1980年代後半には50種に達した。しかし，1990年代になると，台風や降水，観光客の影響が大きくなった。観光客はチャーター船で南島に渡り，釣りやダイビング，トレッキングなどにより，島内の自然資源を無秩序に，環境保全の配慮もなく利用した。南島の植生は再び退化するようになった。さらに，観光客がもたらした外来の植生によって，固

写真3-5　小笠原諸島
左：父島二見湾と大村市街地，右：二見港での歓送迎の様子（原　眞一）

有の生態系も脅かされるようになった。そこで南島100人ルールを設けたり，自然ガイドの同行を義務づけるなど，自然環境の保全と観光利用との両立を図ることが急務となっている。

3. 観光地京都：特殊性と課題

(1) 京都の特殊性

　京都は794年以来，明治政府が成立するまで長く都が置かれ歴史ある都市である。また宗教都市であり，多くの大学や研究所もあり，学園都市としての機能も持っている。このように多くの顔をもっている京都は，魅力ある都市であり見どころも多い。

　京都では1994（平成6）年12月に寺院13，神社3，城1の17か所が世界文化遺産として登録された。以下に京都の世界文化遺産の特徴をまとめてみた。

①平安京以前の建造物が6つあり，平安時代5つ，室町時代4つ，桃山，江戸時代が各1つとなっていて，その時代の建築様式を代表する文化財である。

②創建者はそれぞれその時代の支配者である豪族，天皇，貴族，将軍などであり，大きな政治力・経済力のもとで文化財が築造された。

③日本最古，日本初というオンリーワン的性格を有し，宝物としての貴重な建築物である。

④奈良の場合が神社を取り巻く山林や原生林などの自然景観を多く含む「森の遺産」であるのに対して，京都の場合は，建造物や庭園といった「技の遺産」といえる。

(2) 『平成観光ビジョン』

①京都観光の位置づけと姿勢，②観光文化の創造と発展，③観光産業の育成と振興，④観光交通体系の整備，⑤外国人観光客の誘致と国際化の進展，⑥京都観光文化情報センターの設立

　京都の「まち」全体が観光資源であるという観点から，観光を市民生活と調和する形で受け入れ，まちづくりの一環として位置付ける。「住んでよし，訪れてよし」というまちづくりをめざす。

(3) 京都を訪れる観光客数

　1960年代から70年代前半は年間2千万〜3千万人で推移し，国内の修学旅行生などの団体旅行者が中心だった。近年（2016年および17年）の観光客数を**表3-1**に示した。

表3-1　京都府内を訪れる観光者数

年	地域	人	地域	人
2016（平成28）年	京都市	55,222 千人	府全体	87,411,201 人
2017（平成29）年	京都市	53,623 千人	府全体	86,867,078 人
（府内の内訳）	京都市	53,623,000 人	乙訓地域	2,234,669 人
	山城地域	12,701,151 人	南丹地域	8,199,119 人
	中丹地域	4,158,457 人	丹後地域	5,950,682 人

（京都府統計資料より作成）

写真 3-7　平等院鳳凰堂

（4）外国人宿泊客

　2003（平成 15）年政府が「2010 年までに訪日客 1000 万人」キャンペーンをかかげる。2017 年の 2,869 万人，2018 年には過去最多の 3,119 万人となった。

　京都府内外国人宿泊数は 2016 年 318 万 4,801 人，2017 年 352 万 7,895 人となり，5 年連続で過去最高を更新している。初めて訪日する外国人にはもともと，東京や京都といった日本の主要スポットを効率よく周る「ゴールデンルート」の人気が高い。オリンピックや大阪万博で，集客力の高い京都に観光客はさらに集まると予測される。現在京都市内ではホテルの建設ラッシュが続いている。

（5）「観光公害」に悩む京都

　「観光公害」という用語は，1966（昭和 41）年に小池洋一が初めて使用した。小池のいう観光公害とは①社寺の囲い込み，②旅館の景観占有，③観光会社の土地占有，④観光施設の占有などを挙げている。被害の主体は観光者であり，これらの被害は観光事業者によってもたらされる。小池の見解とは異なる意味で「観光公害」を用いたのは，「知の巨人」と呼ばれた民族学者，故梅棹忠夫である。彼は「市民が観光の犠牲になっている。観光で京都が荒廃し果てるのではないか」と観光による弊害を訴えた。このきっかけは山鉾巡行であった。1964（昭和 39）年の東京五輪の成功や東海道新幹線開通に後押しされた高度経済成長を背景に，観光振興が盛んに謳われた。観光効果を重視した京都市主導で，祇園祭の巡行路変更や有料観覧席設置が行われ，1966（昭和 41）年には後祭が前祭に吸収され「合同巡行」になった。住民の平穏な暮らしや文化財の価値などが損なわれるのであれば，文字通り「公害」である。

　2019（平成 31）年 3 月に山鉾町にホテル建設計画がもち上がった。『祇園祭が目前で見られる』を売りに，六角通りにガラス張りの大浴場を設けた 10 階建てホテルに，町内の住民はほぼ全員が反対した。鉾町だけではない。お茶屋が並ぶ祇園花見小路では町並みや人びとのたたずまいといった雰囲気を壊す観光客のマナーの悪さに，静かに見学してほしいと住民は願っている。バスの混雑をはじめ，民泊を巡るトラブルなど現在の観光の在り方を考える必要がある。

　世界では「水の都」ヴェネツィアやオランダの首都アムステルダムも観光公害に直面し

ている。ヴェネツィアでは 2019 年 7 月から観光客に対し「訪問税」を導入し，アムステルダムでは民泊を年 30 日に制限した。

　このように，観光公害とは①住民への負荷（交通機関の混雑，渋滞，ごみの増加，市街地再開発に伴うコミュニティ喪失），②観光客の満足度低下（交通機関の混雑，住民の感情悪化によるトラブル），③観光地の名声損失（歴史的建造物など観光資源や生態系の損壊，伝統文化の変容）とまとめることができる。

4．富士山：信仰と芸術

（1）信仰の対象としての富士山

　富士山は日本一の高さを誇り，美しい山容をもち堂々とした独立峰である。一方で火山活動を繰り返してきたこの山を，人びとは憧憬と畏敬の念を抱いて眺めていた。信仰は遠くから仰ぎ見て拝む「遥拝（ようはい）」という形で始まった。9 世紀前半には富士山の神霊である浅間大神（あさまのおおかみ）を祀ったとされ，これが現在の富士山本宮浅間大社となっている。

　12 世紀ごろになると噴火活動が鎮まったことから，富士山を山岳修行の場として，修験者たちが山頂をめざす「登拝（とはい）」へと信仰形態が変化した。登山道も整備され，庶民まで登拝の文化が広がっていった。

　江戸時代には，富士山に参拝するとご利益が得られるとする「富士講」がさかんになる。麓の俗界と山頂の神の世界を往復することで，穢れや罪を払えると信じられていた。富士講の開祖，長谷川角行（かくぎょう）が修行の拠点とした聖地，人穴富士講遺跡（ひとあな）をはじめ，白糸の滝，富士五湖，忍野八海（おしの）などの巡礼が人気を博したという。

　また，構成資源に含まれる御師住宅（おし）は富士講に関連する施設である。御師は富士講の布教活動を行い，登拝に訪れた信者に対して，宿泊や食事の世話をし，祈祷を行っていた。日本人の心の拠りどころとして古くから親しまれてきた富士山は，2013（平成 25）年世界文化遺産として登録された。

（2）多彩な芸術作品が誕生

　均整の取れた円錐形の富士山は，雪の白さが際立つ冬の富士や，赤富士，湖に映った逆さ富士などさまざまに趣を変える。雄大かつ美しいその姿は，多くの人びとを魅了してきた。

写真 3-8　富士山　左：富士山と富士川（新幹線車窓から），右：忍野八海

富士山からインスピレーションを得た芸術家たちも多く，彼らは富士山を描いた詩歌や小説，絵画などの多くの作品を生み出した。例を挙げると，8世紀に編纂された日本最古の歌集『万葉集』や『新古今和歌集』の中の和歌などの古典から，『富嶽百景』を著した太宰治や『強力伝』，『芙蓉の人』を著した新田次郎の小説にいたるまで数多い。絵画でよく知られているのは葛飾北斎の『富嶽三十六景』や，歌川広重の『東海道五十三次』などの浮世絵である。富士山は芸術の題材としても多くの日本人の心をとらえてきた。

【コラム】百舌鳥（もず）・古市古墳群（ふるいち）

　世界遺産条約の締結国が，世界遺産の登録を目指す自国の候補遺産を記載する「暫定リスト」がある。このリストに2010年から記載されていた大阪府の百舌鳥・古市古墳群は，2019年に世界文化遺産に登録された。堺市，藤井寺市，羽曳野市には甲子園球場12個分の面積を持つ仁徳天皇陵古墳（大山古墳）に代表されるような巨大な古墳が数多く現存している。これらの古墳は4世紀後半から6世紀前半にかけて，天皇をはじめ権力者を埋葬するために造られた。古代日本における国家形成の過程をよく示している。

　鍵穴のような前方後円墳の姿をみようと思っても，地上からは森のようにしか見えない。大山古墳のある堺市では，世界遺産登録をきっかけに観光客が増えると期待している。堺市長は「古墳の壮大さを生で見てもらう取り組みを実現したい」と話し，古墳に隣接する公園から上空100mまで気球を上げる計画があることを明らかにした。

図 3-3　百舌鳥・古市古墳群
左：堺市上空から西方を望む，中央右が仁徳天皇陵古墳
右：仁徳陵墳丘測量図
（堺市文化観光局（2019）「堺の文化財　百舌鳥古墳群」より）

4 東アジアの観光地域

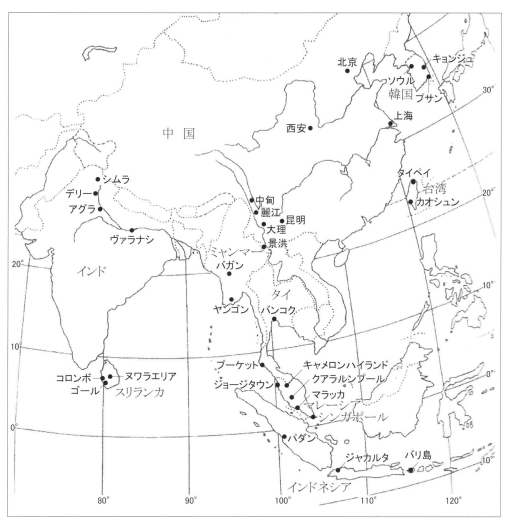

図 4-1　アジアで取り上げた主な地域

1．大韓民国（韓国）

(1) 韓国の地勢と気候

　面積10万km²，人口5,123万人（2019）の国である。首都はソウルで，人口981万人（2018）。朝鮮半島の南半分を占め，東は日本海，南は朝鮮海峡を隔てて日本と接し，西は黄海を隔てて中国と接する。東海岸に沿ってテベク山脈が走り，ソベク山脈などの支脈が南西へ延びる。平野は西部と南部に広がる。西から南の海岸はリアス海岸や多島海が見られる。

　気候は，南部は温暖湿潤気候（Cfa），北部は冷帯冬季少雨気候（Dw）で，大陸につながっているため寒暖の差が大きい。最も寒いのは12月から1月で「三寒四温」の日々が続く。ソウルは1月の平均気温が－2.4℃，7月は24.9℃で，年平均気温12.6℃。ソウルの年降水量は1,429mmで降雨は7月から10月に多く，この4か月に年降水量の60％が集中する。

(2) 韓国の文化
①漢服：チマはスカート，パジはズボン，チョゴリは上着，トゥルマギはコートである。
②オンドル：床暖房装置，オンドルバンは床暖房の部屋を指す。現在はガスボイラー方式（床下にスチームや温水パルプが通っている）ものが多い。
③食文化：キムチは韓国の代表的な発酵食品，漬物のこと。韓国のレストランや食堂ではキムチはお代わり自由。韓国では野菜が採れない冬の間にキムチで野菜を補う。地域ごとの郷土料理も豊富である。
④ハングル（訓民正音）：1446年に世宗が制定した朝鮮文字。当初は知識人には使用されず，むしろ庶民の間で使用された。日本の統治下で「ハングル」（偉大な文字）と改称され，公式に使用されるようになった。
⑤儒教の影響
　朝鮮王朝（1392～1910）は建国当初は王権が強く，儒学をもととし科挙を実施し官僚体制が整備された。両班（文班と武班）が高級官職を独占し，封建的土地所有者となり，兵役・賦役の免除など種々の特権が認められていた。
⑥姓と本貫
　姓は金，李，朴，崔，鄭の5つで，全人口の50％を超える。夫婦別姓である。また，始祖の発祥地を表すものを本貫と呼ぶ。姓と本貫が同じ場合（同姓同本）は同一父系血縁関係にあるとみなされ，かつては結婚が認められなかったが，法律の改正により現在は可能となった。

(3) 韓国における観光の発達

　韓国において観光が本格化するのは，1970年代以降である。その要因は高度経済成長による所得水準の向上や，高速道路網などの発達があげられる。これらを背景にして観光は急速に発達し，韓国の国民生活に定着した。また，1967年の国立公園の指定から，現

在の五大観公園の指定に至るまで，政府は積極的な観光政策を数次にわたって打ち出してきた。さらに，1988年のソウルオリンピック以降韓国を訪問する外国人観光客が急増した。

(4) 韓国の世界遺産

1995年から登録がはじまり，現在13の文化遺産と1つの自然遺産がある。**図** 4-2 に位置と名称・登録年を示した。

図 4-2　韓国の世界遺産

【文化遺産】
①石窟庵（ソックラム）と仏国寺（ブルグクサ）（1995年）　②海印寺大蔵経板殿（1995）　③宗廟（チョンミョ）（1995）　④昌徳宮（チャンドックン）（1997）　⑤水原華城（スウォンファソン）（1997）　⑥慶州歴史地域（2000）　⑦高敞（コチャン），和順（ファスン），江華（カンファ）などの支石墓群（2000）　⑧朝鮮王陵（2009）⑨韓国の歴史的村落，河回（ハフェ）と良洞（ヤンドン）（2010）　⑩南漢山城（2014）　⑪百済歴史地域（2015）⑫山寺（サンサ），韓国の山地僧院（2018）⑬韓国の書院（2019）
【自然遺産】
⑭済州の火山島と溶岩洞窟群（2007）
注）⑦⑧⑫は代表的なものの位置，⑬は各地に分散しているため省略した.

(5) 主な世界遺産の解説と見どころ
①宗廟（ソウル）

李氏朝鮮王朝歴代国王とその妃の位牌を祀る。正殿には初代から19代の王と王妃等が，永寧殿にはその他の王，王妃，死後王号を贈られた王族が祀られている。
②昌徳宮（ソウル）

李朝3代王太宗が1405年に建てた宮殿で，王室が使用した日用品などが展示されている。仁政殿の東側敷地には楽善斎という建物がある。日本の梨本宮家から嫁いで大韓帝国最後の皇太子英親王（併合後は李王）の妃となった方子女史が晩年暮らした所として知られている。昌徳宮の北半分は後苑という広大な庭園がある。

写真 4-1
左：ソウルタワーからの展望（北を望む，市街地中心部）
右：大韓門の前で朝鮮王朝の衣装をまとった行列（ともに北田晃司）

③水原華城（京畿道）

李氏 22 代正祖が父親の陵を揚州から移すとともに，遷都する予定で築いた城。1796 年に完成した直後に正祖は亡くなったので，幻の都となった。韓国テレビドラマ『宮廷女官チャングムの誓い』や『イ・サン』の撮影地になった。

写真 4-2　水原：華城行宮の正門と展示室

④安東河回マウル（慶尚北道）

朝鮮王朝時代の儒教の中心地安東に残る集落河回マウルは，茅葺き屋根の民家から宝物に指定された館まである伝統建築の宝庫であり，伝統を残す両班の里として，朝鮮の儒教文化を理解するのに格好の場所となっている。現在も 120 軒，290 人が生活している。す

写真 4-3　安東河回マウルの家屋

べて柳姓で仮面劇が有名である。

⑤慶州歴史地域，石窟庵と仏国寺（慶尚北道）

　慶州市は古墳時代から仏教文化まで1000年の歴史が息づく古都。紀元前57年から紀元935年まで1000年間新羅の都だった。古墳が点在し，古代の天文台や冷蔵庫などの善徳女王関連の遺跡が多く残る。東方には仏教文化の中心となった寺院と摩崖仏などのある仏教遺跡群「石窟庵と仏国寺」がある。

写真4-4　左：石窟庵，右：仏国寺

⑥済州島（済州特別自治道）

　済州島は漢拏山の噴火がつくり上げた火山島で動植物の宝庫の自然遺産である。漢拏山は標高1950mの韓国最高峰の山で，これまで幾度も噴火して島となった巨大火山である。360ほどの寄生火山が島中に散在している。標高に従って亜熱帯，温帯，寒帯の植物1800種が自生し，ノロジカ，チョウセンヤマネコなどの絶滅危惧種を含む哺乳類，鳥類，両生類，昆虫類系4000種余りが生息している。植物は固有種も多い。生態学的にも学術価値が高く，山全体が動植物の宝庫として保護されている。火山地形では，島の北東部にある数十万年前の拒文岳の噴火で形成された拒文岳溶岩洞窟群や，東部にある寄生火山の城山日出峰（済州島のダイヤモンドヘッドの異名）などが観光スポットである。

　済州島の緯度は佐賀県とほぼ同じで気候が温暖なため，韓国内では唯一の柑橘類の産地である。韓国最南端のリゾート地である中文観光団地があり，マリンスポーツがさかんである。テレビドラマや映画の撮影地が各地に見られる。

写真4-5　左：寄生火山の城山日出峰，右：店頭に多種のみかんが並ぶ済州市の果物店

（6）食を楽しむ

　韓国は13世紀に元の侵攻を受け，その影響で肉食文化が普及した。14世紀末から始まった李氏朝鮮王朝では仏教が排斥され，儒教が国教となった。肉食料理では獣肉のもつ匂いや味との調和のため，ニンニク，ネギ，ショウガ，胡椒，それにトウガラシなどの香辛料が多用される。寒い風土や少ない食材で大人数が食べるには，辛いものが合ったのかもしれない。

　韓国は郷土料理も豊富で，春川のダッカルビ，水原の骨付きカルビ，仁川のジャージャー麺，全州のビビンパ，大豆もやしクッパ，釜山のパジョン（ネギ入りお好み焼き），平安道は冷麺の本場で日本と違い，麺はそば粉にイモのでんぷんを加えており，少し透明で弾力がある。宮廷料理ならソウルで食べることができる。訪問地の名物料理を味わいながら，現地の人びとと語らい楽しい時を過ごそう。

写真 4-6　左：韓国の茶畑・宝城（ポソン，全羅南道），右：多種のトウガラシ（済州市の市場）

（7）映画やテレビ番組のロケ地巡り

　2002年放送のテレビドラマ「冬のソナタ」以降，韓流ドラマの舞台となった地方都市や伝統家屋などのロケ地をめぐるツアーが多く企画され，日本からの観光客も多い。

2．中華人民共和国

（1）中華人民共和国の地勢と気候

　面積960.0万km²（ヨーロッパ全体とほぼ等しい），人口14億3,378.4万人（2019年）の国である。首都は北京で人口1,363.0万人（2016年）。本土の海岸地帯は豊かな大沖積平野である。ヒマラヤ，クンルン，テンシャン，アルタイの4大山系，タリム，ジュンガル，四川の各盆地および黄河，長江，黒竜江，珠江の4大水系からなる。

　気候は国土が広く変化に富んでいる。南部の一部は熱帯（Am・Aw），長江や黄河流域は温帯（Cfa・Cw），東北地方は冷帯（Dw）で大陸性の気候となる。内陸部になるにつれて乾燥度が高くなり，テンシャン山脈からタリム盆地にかけての地域は広大な乾燥帯（BS・BW），内陸山岳地帯にはツンドラ気候（ET），高山気候（H）が分布する。首都北京の1月平均気温は−3.1℃，7月は26.7℃，年平均気温は12.9℃で，年降水量は

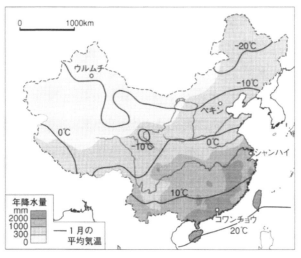

図4-3　中国の年降水量と1月の平均気温

写真4-7　北京郊外の万里の長城

写真4-8　左：シャンハイ・浦東の高層建築, 右：蘇州の運河 (4-7, 8とも薬師寺浩之)

534mmと少なくDwになる。また上海の1月平均気温が4.8℃，7月は28.6℃，年平均気温は17.1℃，年降水量1,157mmでCfaとなり大阪の気候と似ている。

(2) 中国の行政区分（人口は2018, 2019年）

　22省，5自治区，4直轄市：北京（2,154万人），天津（1,560万人），上海（2,424万人），重慶（3,102万人），および2特別行政区：香港（744万人），マカオ（64万人）からなる。

　5自治区の概要は以下である（人口は2016年）。

　　1）内モンゴル自治区：2,534万人　区都　ホフホト（132万人）　モンゴル族17.1%

　　2）シンチアンウイグル自治区：　区都　ウルムチ（268万人）　トルコ系ウイグル族45.8%

　　3）チベット自治区：344万人　区都　ラサ（26万人）　チベット族90.5%

　　4）コワンシーチョワン族自治区：4,926万人　区都　ナンニン（370万人）　チョワン族31.4%

　　5）ニンシヤホイ族自治区：688万人　区都　インチョワン（113万人）ホイ族34.5%

(3) 中国の文化

①多民族国家

漢民族が91.5％を占め，残り8.5％は55の少数民族（多い順にチョワン族，ホイ族，満州族，ウイグル族，ミャオ族，イ族）からなる多民族国家である（図4-5）。

②宗教

憲法で信教の自由が保証され，道教・仏教・プロテスタント（基督教）・カトリック（天主教）・イスラームが5大宗教として公認されている。

モンゴル族やチベット族はラマ教（チベット仏教），ウイグル族やホイ族はイスラームを信仰しており，中国に対して民族独立運動がみられる。

③特色ある住居

1）黄土高原の窰洞

窰洞は黄土高原に広く分布している。地面を5～6m掘り下げて中庭をつくり，中庭を取り囲んで四周の壁に横穴を掘り，部屋を作っている。日当たりのよい部屋が生活の場である。黄土高原は乾燥している黄土層のため，洞穴を掘るのに適している。

2）雲南省のタイ族の村落「竹樓」

タイ族は山間を流れる一筋の川に潤される平地に水田をひらき，水田に臨む山すそに，高床式の住居を建てて村落をつくる。山間に開ける谷底平野は，川をせきとめて流水量を調整するのに手頃で，水稲耕作を始めるのには最適の地形といえる。

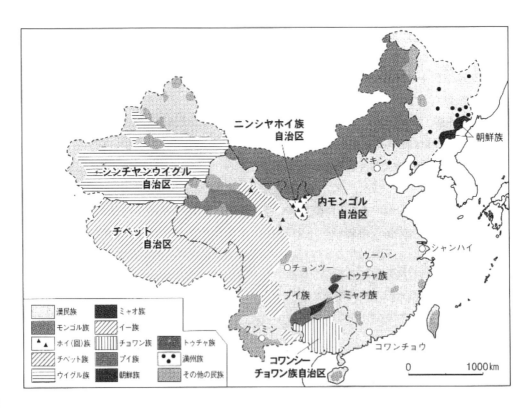

図 4-5 中国の民族分布
（『図説 世界の地誌』より）

写真 4-9　左：窰洞（ヤオトン，西安郊外）　右：高床式住居（雲南省，景洪（チンホン）郊外）

3）北京の伝統家屋　四合院（スーホーイェン）

漢民族の代表的な住居。正面入り口の門を入ると，ほぼ正方形に建物があり，美しい屋根が中庭を囲っている。部屋がいくつもあるので，何世代もの家族が一緒に住むことができる。中庭には木々があり，物が干され，住んでいる人たちの共有の空間である。

④地域で異なる中華料理

1）北京料理：北京の代表的な料理。北京料理は宮廷料理ともいわれ，山東（シャントン）料理を基礎に発展した。味は比較的濃く，小麦粉を使ったものが多い。麺類，包子，餃子，饅頭もこの類にふくまれる。北京料理の代表は世界的に有名なペキンダック。

2）上海料理：長江流域を中心に発達した料理。川魚，エビ，カニなど豊富な魚介類を醤油や砂糖で甘からく味付けする。シャンハイ蟹は長江の下流に生息する淡水産の蟹を使いつくった珍味とされている一品料理。ポピュラーなものにワンタン，小籠包などがある。

3）四川料理：成都（チョントゥー），重慶（チョンチン）を中心に発達した「ラー」（辛い），「麻」（サンショウのしびれるような味）が特徴の料理。この地は四川盆地に位置し，湿度が高く風土病防止のためこのような料理が生まれた。大衆向きな料理として，麻婆豆腐や回鍋肉（豚肉の味噌炒め）がある。

4）広東料理：飲茶やワンタンに代表される世界各地で最もポピュラーな中華料理。新鮮な野菜や海産物を使った薄味が基本である。チャーシュー，シュウマイ，酢豚など有名な料理のほか，燕の巣，ふかひれ，蛇やゲンゴロウなども珍味として食される。

（4）世界遺産—麗江と西安を訪ねて

中国には文化遺産 36 件，自然遺産 13 件，複合遺産 4 件の 53 件が登録されている。この数はイタリア（54 件）に次いで 2 位である。ここでは麗江（リージャン）と西安（シーアン）について紹介しよう。

①麗江

雲南（ユンナン）省は 1999 年に省都昆明（クンミン）市で開催された世界園芸博覧会を契機として，観光開発が進んだ。雲南省の世界遺産は，ホントワン山脈の三江併流，石林の中国南方カルスト，澄江化石埋蔵地の 3 つの自然遺産と，麗江古城，紅河の哈尼（ハニ）棚田群の 2 つの文化遺産が登録されている。ここでは麗江古城について紹介する。

麗江は昆明から北西 600km に位置し，標高 2,400m の高原にある。南宋代の 12 世紀

写真4-10　左：麗江の瓦屋根の旧市街，右：東巴文字（王『トンパ文字』より）

ごろ納西族（ナシ）により街が建設され，宋代末から元代初めにかけて，雲南で採れる茶葉とチベットの馬の交易ルートである茶馬古道の要衝として栄えた。中国王朝や近隣の少数民族と良好な関係を保ち，今日まで800年間も戦火に見舞われることがなかった。そのため明代からの美しい街並みがそのまま残り，納西族を中心に少数民族の文化が融合した独自の文化が伝えられている。

　納西族は土着の自然神とチベット仏教などが混交した独自の東巴教（トンバ）を信仰し，経典は世界で唯一，現在も使われている象形文字の東巴文字で書かれている。その他麗江壁画や音楽，舞踊など独自の文化を持ち，今も日常的に民族衣装を着ている人が多い。

②西安

　かつて長安と呼ばれた古都西安は，紀元前11世紀の周王朝から紀元後10世紀までの約2000年間，秦，漢，隋，唐の都として繁栄してきた。始皇帝，漢の武帝，司馬遷，則天武后，玄宗と楊貴妃など歴史上の英雄やヒロインが活躍した場所としても有名で，市内や近郊に彼らの足跡が残っている。日本との関係も深く遣隋使や遣唐使が派遣され，阿倍仲麻呂や空海は長安に留学した。また，西安はシルクロードの起点でもある。この道を通って絹や茶，陶磁器が中国から中央アジアやヨーロッパまで運ばれ，西方からは仏教や珍しい品が持ち込まれた。

　西安には多くの見どころがある。歴史的に貴重な観光地を紹介しよう。碑林歴史博物館は1950年に創立された。8万点以上の国宝級の貴重な文化財を収蔵している。この博物館は唐三彩，墓室壁画，ローマ貨幣などが陳列されている歴史陳列室，石仏，レリーフ，墓石などが陳列された石刻芸術陳列室，全国から集めた石碑が陳列されている碑林の3部分で構成されている。唐の玄宗直筆の石台孝経や65万字の儒家経典を彫った開成石経のほか，唐代の大書家顔真卿の石碑がある。中でも注目すべきは『大秦景教流行中国碑』である。781年徳宗の代に創られたこの石碑は，景教の流行をたたえて大秦寺内に建てられた。その後1623年に発見されて1907年に博物館に収蔵された。大秦はローマを景教はネストリウス派のキリスト教のことで，唐代の文化交流が活発であり，西方から入って来たキリスト教が流行している様子がわかる碑である。

　西安市の郊外にも見どころが多くある。1987年世界文化遺産に登録された秦の始皇帝陵は西安の北東30km，驪山（りざん）の麓にある。高さ76m，一辺約350mの方形の墳丘の墓である。紀元前3世紀に初めて中国を統一した秦の始皇帝が，存命中から36年の

歳月と70万人の労力を費やして築いたもので，世界最大級の墳墓である。

　1974年に農民が偶然土中に陶製の人形の一部を見つけたのがきっかけで，8,000体近い兵馬俑が発掘された。兵や馬が殉死する代わりに埋葬した陶製や土製の人形である。

　兵馬俑坑博物館は発掘された秦の始皇帝を守る俑の軍隊が並ぶ兵馬俑坑を，まるごと巨大なドームで覆っている。1号坑，2号坑，3号坑とあり，壮観なのは1号坑だ。戦車や馬，鎧兜に身を固め弓矢，剣，矛などを持った身長178～187cmの兵が4列縦隊で並んでいる。どれ一つ見ても同じ顔，同じ体型はない。実在の兵士がモデルという説もある。どれもみな生き生きとしている。

写真4-11　左：始皇帝陵，右：兵馬俑

　驪山の北麓にある華清池は温泉と景色が美しいことで知られている。唐の玄宗と楊貴妃のロマンスでも有名で，楊貴妃がここの温泉で美しい肌を磨いたという花びらのような白い浴槽がある．また，1936年ここに宿泊していた蒋介石が，張学良の指揮する東北軍将兵の襲撃で捕らえられた西安事件の舞台でもある。今も宿舎には銃弾の跡が残っている。さらに，則天武后の墓がある乾陵や漢の武帝の墓である茂陵がある。

（4）中国における農村資源の活用と農村観光の発展
　ここでは張貴民（2018）の研究を紹介する。
①中国観光業の発展
　中国は世界第1位の観光客送出国であり，世界第4位の観光目的地である。現在マスツーリズムの時代で，国民経済の新しい成長分野になった。特に国内旅行市場は世界最大の市場となり，農村観光やエコツーリズムは潜在的な可能性が大きい。
　中国は広大な農村地域が広がっているため農村資源も豊富である。森林，草原，氷河，砂漠，オアシス，海岸，国境，地域の民俗風土や歴史文化，民族に関わる農村景観などが中国の農村資源である。
②中国の農村観光の特性
　田園農村観光，民俗風情観光，農家楽観光，村落郷鎮観光，レジャー観光，教育観光，自然回帰観光の7つに分類される。
③「農家楽」の発展と事例
　「農家楽」とは，都市郊外あるいは景勝地に位置する農家が都市市民や観光客に食事・宿

泊・遊び・見物などのレジャーサービスを提供することをいう。「漁家楽」（漁民），「牧民楽」（牧畜民），「林家楽」（山林地域），「洋家楽」（外国観光客をターゲット）もある。農家楽は，1987年に花卉栽培人の徐紀元が四川省成都市郊外で始めた。

④納西族による騎馬観光

　雲南省北西部の麗江の西方にある拉市海（標高2,400m）周辺では，農民による共同経営の騎馬観光が行われ，中国の農村における観光開発の成功例である。

⑤紅河哈尼族棚田群（2013年世界遺産登録）

　雲南省元陽県にある哈尼族が8世紀ごろから約1300年間かけて作った棚田で，標高140mの河谷から標高2,000mの山頂近くまで分布し，最大勾配75度の斜面に築かれている。総面積が約5.4万haの世界最大の棚田群である。

⑥中国の辺境の地，雲南

　中国西南地方にある雲南省は西部と南部がミャンマー・ラオス・ベトナムと接している。面積39.4万km^{2}のうち，山地が84％，高原が10％，盆地が6％で耕地面積は山間部の焼畑を含めてわずか7.1％である。人口は4,801万人（2017）で，漢族が66.6％を占める。残りはイ族の11％を筆頭に25の少数民族で構成され，中国では最も多くの民族が居住する省である。

　中国の南西部は辺境というイメージが強いが，古来よりインドと中国を結ぶ重要なルートとしての雲南ルートがあり，多くの民族がこのルートを通り，焼畑農耕とともに様々な文化を育んできた。歴史的には，南詔国（708～902），大理国（937～1254）が興って，元の時代に中国領となり，大理を中心に雲南独自の文化を発展させた。

　チベット自治区に近いホントワン山脈には長江，メコン川，タンルイン川の上流が深いV字谷を作って流れ，「雲南保護区の三江併流」の自然遺産がある。

⑦茶馬古道

　雲南・四川に産するお茶をチベットまで運んだルートで，すでに唐代には拓かれていたといわれる。急峻な山々を幾筋もの大河に阻まれた悪路を，茶葉は馬のキャラバンを率いる男たちによって2～3か月，ときには半年近くをかけてチベットへと運ばれていった。

写真4-12　左：世界遺産：石林のカルスト地形，ピナクル群
　　　　　　右：世界遺産：「雲南保護区の三江併流」，虎跳峡のV字谷（長江上流）

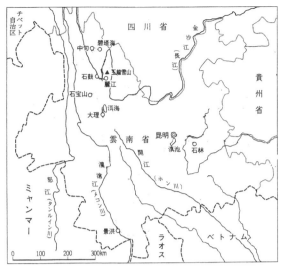

図4-5　雲南省の地図

写真4-13　左：景洪（シーサンパンナ）の市場，右：タイ族の舞踊

写真4-14　左：大理の白壁の旧市街，右：白（ペイ）族の演奏

茶馬古道沿いにはタイ族，ペー族，ナシ族，チベット族など10を超える民族が独自の文化を守りながら暮らしている。それらの民族に茶は伝えられ，人びとに親しまれ発展してきた。南部のシーサンパンナ・タイ族自治州に暮らすプーラン族は最も早くから茶の栽培を始めた。プーラン族の老人たちが好む「ミィエン」と呼ばれるお茶がある。ラフ族やハニ族の「竹筒茶」など，独特の発酵技術を用いた茶を飲食する文化が見られる。普洱茶は

写真 4-15 左：中旬（現シャングリラ市）の松賛林寺（ラマ教），右：ヤクとチベット族の女性（中旬郊外，標高 3,200m）

本来，雲南省南部の普洱に集積し，出荷されるお茶を指す。原料は雲南大葉種で葉が大きく味も苦い。易武鎮は茶葉古道の出発点である。

　茶葉交易とは辺境の異民族にお茶を配り，高原で育つ強靭な馬を軍馬として買い付ける制度で，最盛期だった宋代には，毎年重さ数千トンの茶葉と 1.5 〜 2 万頭もの馬が吐蕃（当時のチベット）など周辺諸国との間で取引されたという。交易品は茶のほか黒砂糖，銅器などであった。チベットの茶園は 1987 年，ヤルツァンポ江の畔にあるイゴン村に茶樹が植えられ，チベットで初めての茶園が作られた。しかし，2000 年大規模な山崩れで大部分が飲み込まれた。水没したところは湖になり畔にわずかに茶畑が残っている。茶葉古道の終点はラサで，現在開発が進んでいる。

3. 台湾

(1) 台湾の地勢と気候

　面積 3.6 万 km^2（九州とほぼ同じ），人口 2,359 万人（2019）である。首都は台北で人口 266 万人（2019）。台湾は別名で Formosa とよばれ，ポルトガル語が起源で「麗しき島」と賞賛されたことに由来する。日本の最南端与那国島との距離は約 110km，北回帰線が中央を走る北北東から南南西に伸びた「さつまいも」型の島。ユーラシアプレートにフィリピン海プレートの沈み込み（北部）と衝突（南部）により形成された。総面積の 3 分の 2 は南北に走る山地で，中央より東側に偏在し，玉山（旧新高山 3,950m）など 3,000m 以上の山が 49 ある。西部は平野が広がり，経済活動が活発である。北端には火山，南端にはサンゴ礁海岸も見られる。

　気候は大部分が温暖湿潤気候（Cfa）で，南部の一部は熱帯（Am・Aw）になる。全般に高温多湿で，年降水量は冬に降雨が集中する北部で 2,000mm，中部山岳地帯で 3,000mm，東部沿岸部は 2,000mm と多い。台北は 1 月の平均気温が 16.3℃，7 月は 29.7℃，年平均気温 23.1℃で，年降水量 2,535mm である。

(2) 台湾の歴史と現況

　1624 年オランダの東インド会社が台湾島南部を制圧，以降オランダが統治。1661 年漢

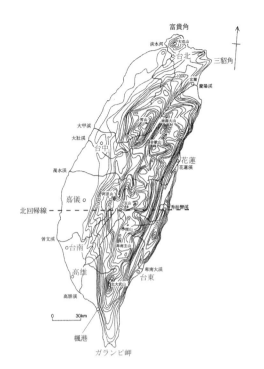

図 4-7　台湾の地形（切峰面図）
（植村，2001 に追加）

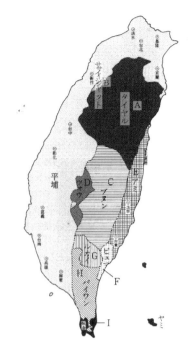

図 4-8　台湾の民族分布図
（笠原，1994 および『順益台湾原住民博物館ガイドブック』より作成）

民族の鄭成功の軍がオランダを駆逐，1662 年オランダ完全撤退。次いで 1683 年から清朝が支配する。1895 年日清戦争で清が敗れ下関条約で日本に割譲される。1945 年国民党政権の支配下になる。1949 年中国との内戦で敗れた国民党政権は南京から台北に移った。以後中華民国の正統政府を主張したが，1971 年国連から追放された。1975 年蒋介石が死亡。1987 年自由化・民主化に向かって大きく踏み出した。三民主義（民族独立・民権伸張・民主安定）に基づく民主共和制。2019 年 9 月現在，外交関係を持つ国は 15 か国。「台湾独立」を求める動きが活発化する。2016 年民主進歩党の蔡英文（女性）が当選し，2017年 1 月に 25 年までの脱原発を定めた電気事業法改正案が成立した。

（3）台湾の文化　多文化主義

①言語

　北京語，台湾語（閩南語），客家語，少数民族の言語からなる。

　閩南語は中国の福建省南部で使用されている言語を母語とする。客家語は広東省や福建省で使用されている言語。

②民族

　漢族 98％（本省人 84％，外省人 14％），先住民族（原住民）2％（アミ，パイワン，タイヤル，タロコなど 16 民族）などからなる。

　本省人とは閩南（福佬）人と客家人のこと。外省人は戦後国民党政権とともに中国各地から来た移民とその子孫。先住民族はオーストロネシア系で人口は 50 万人。

③宗教

　仏教，道教，キリスト教，一貫教と，少数民族の宗教など多様である。

④「四大族群」と「新移民」

　閩南人（祖先が福建省の泉州，あるいは同省の樟州から来た人たち）・客家人（主に広東省梅県から来た人たち）・原住民・外省人（1949年国共内戦で敗れた中国国民党とともにやってきた人たち）を四大族群という。加えて2000年代初めから「新移民」が第5のグループとなる。「新移民」とは1990年代末以降，結婚や出稼ぎを契機として，台湾に到来した東南アジア諸国および中国出身者をいう。

⑤台湾の食文化

　中国医学における「薬食同源」は台湾でも根付いている。品質が向上した茶は，1980年代より台湾独自の茶芸文化に発展した。食習慣では外食文化が根付いている。朝食も外で食べる人が多く，朝ご飯はバリエーションが豊富である。小籠包，餃子，ワンタンは主食代わりに食べる。海と山に恵まれた台湾には，郷土料理がたくさんある。新竹のビーフン，花蓮のワンタン，台南の台湾ラーメンや伝統の朝食，牛肉湯（牛肉スープ）などがある。台湾人は酸っぱいもの，苦いものが苦手で，また生のものを食べる習慣がない。さらに，ベジタリアンが多いのも特徴である。その理由は宗教，健康維持，願掛けなどさまざまである。ベジタリアン料理を「素食」といい，ベジタリアン・レストランが多い。台湾はフルーツも豊富で，フルーツを用いたスイーツも充実している。

(4) 台湾の主要都市

①台北市　人口266万人（2019）

　淡水河の河畔にある台湾の首都。清代の台北城内である旧市街に官庁街，繁華街が集中し見どころが多い。東側に新都心の高層ビル街があり，郊外には故宮博物院がある。

②台中市（タイツォン）　人口276.7万人（2016）

　台湾中部最大の商業都市で経済，文化，交通の中心。17世紀に大陸からの移民により造られ，清代光緒10年（1884年）に台湾省の省都となった。道路は碁盤の目のように整然と造られ，緑川と柳川の間が中心街。中央山脈が季節風を防いでくれるため，年中穏やかな気候の町。郊外では穀物，果物が栽培されている。

③新竹市（シンジュー）　人口43.7万人（2016）

　清の時代に客家人が移り住んだ城下町。風が強く「風の城」と呼ばれる。日本統治時代の駅舎が現存。郊外には「台湾のシリコンバレー」とよばれる新竹科学工業園区がある。

④高雄市（カオシュン）　人口277,9万人（2019）

　台南の南に位置する。19世紀までは打狗（ターカウ）とよばれていた小さな漁村だった。日本統治時代の1920年高雄と改称された。台湾に昔から住んでいる本省人が多く独立運動も盛ん。「台湾の大阪」ともよばれる。台湾第2の都市で，世界十大貿易港のひとつで造船，製鉄，石油化学などの大工場が集中する工業都市。

⑤新北市（シンペイ）　人口400万人（2019）

　東部の瑞芳区にはかつて鉱山（金山）として栄え，今は観光地として名高い九份や

金瓜石がある。

⑥台南市　人口 188.6 万人（2019）

　最も早くから開けた地区。1624 年から 38 年間オランダの一時的な支配を受け，政庁が置かれた。1662 年に鄭成功により台湾の首都になる。以来 224 年間台湾の政治，経済，文化の中心であった。そのため寺廟の数 199,軒の低い赤レンガ造りの建物が多く残り，「台湾の京都」ともいわれる。「食在台南」ともいわれるグルメの町。

⑦基隆市　人口 37.2 万人（2019）

　日本と同じ温暖湿潤気候で特に雨が多い。11 月から 3 月初旬にかけて月の 3 分の 2 は雨が降るという。「雨港」ともいう。漁港としても有名で海鮮料理がおいしい。

⑧花蓮市　人口 33 万人（2019）

　東部最大の都市で台湾 4 大貿易港のひとつ。東西横貫公路，蘇花公路，花東海岸公路の起点として交通の要衝となっている。太魯閣峡谷の探勝基地となっている。気候温和な町で，戦前は日本人も多く住み，今でも日本統治時代の面影が残る。大理石の産地としても有名。アミ族の舞踊ショーが毎晩行われる。

（5）台湾の見どころ

①台北の市内観光

　故宮博物院，旧中心部（台湾総督府），台北 101 にある信義地区，夜市など多数。2，3 日かけて巡るとよい。

写真 4-16　左：台北の東門（旧台北門景福城）（原　眞一），右：故宮博物院

②阿里山

　阿里山は台湾で最も人気がある観光地の一つで，神木と呼ばれる巨木の森や祝山での御来光見物，春の満開の桜や山並みを走るレトロな森林鉄道，原住民ツオウ族の文化など，阿里山には豊かな自然と歴史，文化を感じさせる見どころが多くある。また，花のような香りがする阿里山高山茶や阿里山コーヒーの産地でもある。ほとんどの地域が 2,000m 以上の高地にあるが，観光設備は十分に整っている。嘉義から 2,000m の高度差を上り阿里山に至る狭軌の山岳鉄道が，阿里山森林鉄路である。前身は，日本統治時代に阿里山の森林資源に目を付けた台湾総督府が敷設した木材運搬用の鉄道だった。1904 年から建設が始まり，1912 年には主線がほぼ開通した。敷設は難工事で，急勾配を緩和するループ線

写真 4-17　左：阿里山鉄道（原　眞一），右：台湾最南端近くの恒春（ハンチュン）古城東門

折り返し式のスイッチバックを多用した。この鉄道で運び出された阿里山の檜の大木は，日本の名だたる寺社の建材に使われたという。戦後は観光客を運ぶ旅客鉄道として活躍している。事前に予約しないと乗車出来ないほど人気がある。

③太魯閣

　花蓮の北約30kmにある太魯閣は，立霧渓の流れが長い年月をかけて大理石の岩盤を削ってできた大渓谷で，台湾随一の景勝地として知られている。1960年に東西横貫公路が開通して観光客も容易に太魯閣を訪れることができるようになった。

写真 4-18　台湾東岸
左：太魯閣渓谷　右：北回帰線標表示塔

④<ruby>墾丁<rt>ケンティン</rt></ruby>公園・ガランピ岬

　最南端にある墾丁は，台湾を代表する南国リゾートであり，一帯が台湾最古の国家公園に指定されている。熱帯林やサンゴ礁，鍾乳洞もある。ガランピ岬からは太平洋，正面のバシー海峡，そして台湾海峡と3つの海を一望できる。

⑤<ruby>日月潭<rt>リーユエタン</rt></ruby>

　<ruby>埔里<rt>プーリー</rt></ruby>の南約18kmの山あいに位置する美しい湖で，海抜748m，面積約8km^{2}で，台湾最大の天然湖である。山と湖とが織りなす景観は，水墨画のようである。とくに夕日が沈む景色が美しい。2000年に国家風景区に指定された。遊覧船のツアーがある。また，ロープウェイを利用すれば，原住民テーマパークである九族文化村へ行ける。

⑥淡水
　　淡水河口右岸に位置し，台湾のヴェネツィアと賞賛されている。かつては貿易港として
栄えたが，河床が上がり港としての機能は失われた。街はスペインとオランダに支配され
たので，エキゾチックな雰囲気がある。紅毛城（サントドミンゴ城）から対岸の観音山が
一望できる。川面を染める夕日が有名である。

⑦安平古堡
　　台南市から西7kmに位置する。1624年，オランダ東インド会社によって築かれ「ゼー
ランディア城」とよばれている。現在は本丸，櫓の基壇と2門の大砲，外壁の一部が残っ
ている。バタビア（ジャカルタ）から運ばれたレンガが今も美しい。

⑧その他
　　台湾は温泉に恵まれている。台北の奥座敷といわれる新北投温泉，南国のジャングル風
呂知本温泉，サンゴ礁の海底温泉がある朝日温泉など温泉巡りも楽しい。また少数民族の
舞踊ショー，自転車で台湾を一周する「環島」，ローカル鉄道の旅などがある。

写真4-19　左：台湾南端・懇丁の景観，右：ガランピ岬国家公園（ともに原　光一）

写真4-20 アミ族の舞踊（花蓮）

5 東南アジアの観光地域

1. 東南アジアの多様性

　東南アジアには 11 の国がある。宗教や言語などの多様性があり，タイを除くと植民地支配の歴史も各国の文化に影響を及ぼしている。

　地形的にはインドシナ半島とそこから伸びるマレー半島と，中央部のマレー諸島，南の大スンダ列島・小スンダ列島及び東部のフィリピン諸島に分かれる。西部と南部はアルプス・ヒマラヤ造山帯に属し，東部は環太平洋造山帯の島嶼からなる。ともに活発な火山活動や，地震災害も多い。

　気候は赤道付近が熱帯雨林気候（Af），インドシナ半島の多くがサバナ気候（Aw）で，ベンガル湾沿岸には熱帯モンスーン気候（Am）の地域も見られる。

　11 か国の概要と世界遺産を**表 5-1** にまとめた。以下には，主な国の観光地域を紹介する。

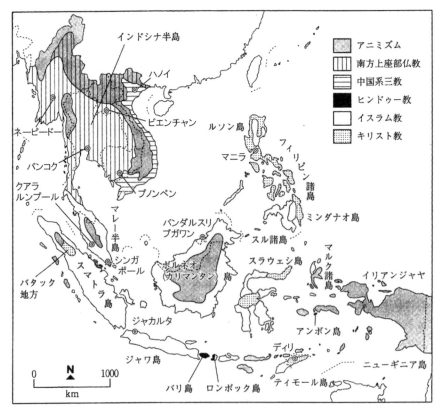

図 5-1　東南アジアにおける宗教分布
（藤巻・瀬川（2003）に追加）

表 5-1　東南アジア諸国の概要と世界遺産

国名	面積 （万 km²）	人口 （万人）	首都	主要民族 （%）	主な宗教 （%）	旧宗主国	世界遺産
ベトナム	33.1	9,646	ハノイ	ベトナム人 86	仏教 8, カトリック 7	フランス	ハロン湾，フエの歴史的建造物群
ラオス	23.7	717	ビエンチャン	低地ラオ人 67, 丘陵地ラオ人 17	仏教 67	フランス	ルアン・パバーンの街
カンボジア	18.1	1,649	プノンペン	クメール人 85	仏教 97	フランス	アンコールの遺跡群
タイ	51.3	6,963	バンコク	タイ人 99	仏教 83		古代都市アユタヤ，古代都市スコタイと周辺の古代都市群
ミャンマー	67.7	5,405	ネーピードー	ミャンマー人 68, シャン人 9	仏教 74	イギリス	バガン，ピュー族の古代都市群
マレーシア	33.0	3,195	クアラルンプール	ブミプトラ（マレー系と先住民）62, 中国系 21	イスラーム 60, 仏教 19, キリスト教 9, ヒンドゥー教 6	イギリス	キナバル自然公園，マラッカとジョージタウン，マラッカ海峡の歴史都市
シンガポール	719km²	580	シンガポール	中国系 74, マレー系 13	仏教・キリスト教	イギリス	シンガポール植物園
インドネシア	191.1	27,063	ジャカルタ	ジャワ人 42, スンダ人 15	イスラーム	オランダ	ボロブドゥールの仏教寺院群，プランバナン寺院遺跡群
ブルネイ	0.6	43	ダルエスサラーム	マレー系 66, 中国系 10	イスラーム	イギリス	
フィリピン	30.0	10,812	マニラ	マレー系（タガログ 28, セブアノ 13 など）	キリスト教（カトリック 81）	アメリカ合衆国	コルディリェーラの棚田群
東チモール	1.5	129	ディリ	メラネシア系が大部分	キリスト教（カトリック 98）		

（人口は 2019 年，『データブック・オブ・ザ・ワールド 2020』などより作成）

2. マレーシア

(1) マレーシアの地勢と気候

　面積 33.0km^2，人口 3,195.0 万人（2019）の国である。首都はクアラルンプールで人口 173.2 万人（2016）。マレー半島の南部とカリマンタン（ボルネオ）島北部のサバ・サラワク両州からなる。国土の 70％は熱帯林におおわれる。半島部は南北に走る中央山脈・ビンタン山脈などと，これを挟む沿岸と南の平野部からなる。カリマンタン島北部は沿岸の狭い平野部と内陸の山岳地帯からなり，多くの河川が流れている。

　気候は高温多湿の熱帯雨林気候（Af）。気温の年変化は少なく，24 ～ 32℃。北東モンスーンにより，10 ～ 2 月に多量の雨が降る。特にマレー半島の東海岸は多雨になる。6 ～ 9 月は比較的雨量は少ない。クアラルンプールの 1 月平均気温 26.9℃，7 月は 27.5℃，年平均気温 27.3℃，年降水量は 2,672mm である。

(2) マレーシアの文化

①言語：マレー語（公用語），英語，中国語，タミル語の順に多い。
②民族：ブミプトラ（マレー系と先住民族）62.0％，中国系 22.7％，インド系 6.9％（2019）。
③宗教
　イスラーム 60.4％，仏教 19.2％，キリスト教 9.1％，ヒンドゥー教 6.3％，儒教と道教 2.6％（2000）。イスラームが国教とされマレー系住民の大半が信仰している。
④食文化：ニョニャ料理が有名（ニョニャはマレー系女性のこと）。

(3) マレーシアの見どころ

①マラッカとジョージタウン

　マラッカ海峡に面するマラッカとペナン島の中心であるジョージタウンには，中国風の仏教寺院とマレー系イスラームのモスク，イギリス植民地時代のコロニアル様式の建造物がある。特にマラッカにはマラッカ王国（14 世紀末～ 1511），ポルトガル，オランダ時代の建造物も混在しそれらが見事に融合している。他の東南アジアには類を見ないユニークな建築様式と文化的な街並みを構成している点が評価され，マレーシア初の文化遺産となった。一方，ジョージタウンは「東洋の真珠」と呼ばれ，極東貿易の拠点として 18 世紀にイギリスの海峡植民地となり，当時のジョージ 4 世に因んで名付けられた。第 2 次世界大戦前の植民地時代の建物が 1 万棟以上残り，街全体が博物館になっている。

②クアラルンプール

　マレーシアの首都クアラルンプールは 1857 年に中国人などにより錫鉱山開発が始まり，鉱山集落として成立した。そして 1874 年に今日のクアラルンプールとその周辺地域がイギリスの保護下に入った。1900 年当時の人口は約 3 万人だった。1900 年代以降インド人労働者の流入が始まった。このころには中国人が都市人口の 60％以上を占めており，中国人の街であった。

写真5-1　左：ジョージタウン（対岸はマレー半島）
　　　　　右：クアラルンプールのペトロナスツインタワー（薬師寺浩之）

　やがて第2次世界大戦を経て，1957年にイギリスの植民地から独立してマラヤ連邦が形成され，クアラルンプールはその首都となった。1974年にはマレーシア連邦の直轄領となって，マレー人が支配する連邦政府の開発意思がより強く反映するようになった。

　1970年代になると農村から都市への人口移動と都市人口の拡大が続き，クアラルンプールの不法居住が増大し都市問題が深刻化した。都市整備が1984年に公表され，ハイウェー，4つのニュータウン，公共交通をはじめとする各種の都市基盤が整備された。1995年から新行政首都プトラジャヤの建設が始まり，1998年には都市圏南部のセパンに新国際空港が開港した。

　現在は421mのクアラルンプールタワーや452mのペトロナスツインタワーなどの高層ビルが立ち並び，政治，貿易，金融，商業，運輸，製造業，情報産業，観光等の中心的役割を果たしている。

③キャメロンハイランド

　キャメロンハイランドはマレーシア半島部北部パハン州にある，標高1,300〜1,900mの高原である。1885年イギリスの国土調査官ウィリアム・キャメロンが地形測量し紹介したためこの名がついた。19世紀に入植したイギリス人やオランダ人が低地の暑さから逃れるために，ヒルステーションと呼ばれる山地集落をつくった。1920年代頃から保養地や茶園として開発された。年間を通じて22〜26℃と過ごしやすく，近年は日本からの「年金長期滞在者」が増えている。バタフライファーム，マーケット，紅茶園がある。

（4）マレーシアの国立公園での熱帯林観光

　ここでは沼田・保坂・髙木の研究（2018）を紹介しよう。エンダウロンピン国立公園は，マレー半島南部のジョホール州とパハン州にまたがる国立公園で，面積はおよそ800km²で，フタバガキ植物が優占する熱帯雨林がみられる。1972年にマレーシア連邦政府は，絶滅の恐れが高いスマトラサイの保護を目的として，国立公園とすることを決定した。2001年には自然環境教育・研究センターが設立され，現在エンダウロンピン国立公園は，ジョホール・ナショナルパーク・コーポレーションにより管理されている。

　エンダウロンピン国立公園には国内外から観光客が訪れるが，年によって訪問者数は異なり，2005年には約7,000人であったが2007年には3,500人と半減している。この違

写真5-2　左：キャメロンハイランドの茶園，右：オランアスリの村

写真5-3　左：オランアスリの子供たち，右：先住民の吹き矢の実演（薬師寺浩之）

写真5-4　左：プトラジャヤの国立モスク，右：マラッカのオランダ教会（薬師寺浩之）

いは降雨のような自然条件が関わっている。この地域の降水量は 2,000 ～ 3,600mm で，11 月頃から 2 月頃までは雨季となる。そのため訪問客は 5 月が最も多く，雨季には少なくなる。訪問客のうち約 20 ～ 30％は欧米から，残りの多くは国内やシンガポールからであり，環境教育や学校のイベントの一環で訪れている人も多い。

　この公園内にはペタ村があり，そこではムラユアスリ系（オランアスリの一系統）のオラン・ジャクンと呼ばれる先住民が生活している。ペタ村には約 300 人の住民が居住している。住民はゴム液の採取労働や国立公園のスタッフ，ツアーガイド，ボートの運転手として働く者など公園内の観光に関連した仕事を行うものも多い。

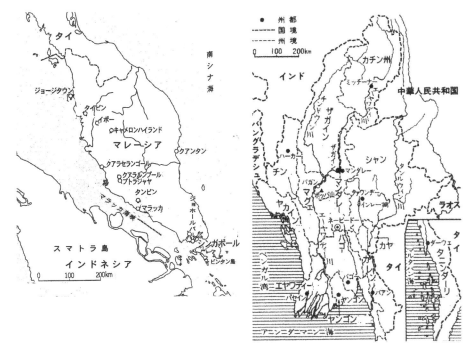

図 5-2　左：マレー半島，右：ミャンマーの概要図

　ペタ村ではホームステイを体験し伝統文化に触れ，また狩猟用の罠の展示を見学できる。ここでは多くの野生生物が生息している。24 種の絶滅危惧種を含む 149 種の哺乳類が生息している。熱帯雨林での野生生物観察を魅力的なアトラクションにするためには，野生生物の生態学的特性を利用する方法がある。塩場や川の周りに動物観察小屋を設置し，訪問者へ野生生物についての情報を提供している。

　熱帯雨林の宝である野生生物を持続可能な形で活用するためには，学術的な枠組みを超えて，学際的に試行錯誤を進めていくことが求められる。

3．ミャンマー

（1）ミャンマーの地勢と気候

　面積 67.7 万 km²，人口 5,404.5 万人（2019）の国である。現在の首都はネーピードーで人口 115.8 万人（2014）。インドシナ半島の西部を占め，国土のほぼ中央をエーヤワディー川が南下し，広大な沖積平野を形成している。北は中国，東はラオスとタイ，西はインドと国境を接し，南はアンダマン海とベンガル湾に面している。

　ベンガル湾に面した南部は熱帯気候（Am）で，年間を通して高温多湿。特に南西モンスーンの吹く 5 〜 9 月にかけては多量の雨が降る。乾季は南部では短く弱いが，内陸部に入るにつれて 11 〜 4 月と長く続き気温も低下して温帯気候（Cw）となる。主要都市ヤンゴンは 1 月平均気温 24.8℃，7 月 26.8℃，年平均気温 27.4℃，年降水量 2,108mm である。

(2) ミャンマーの民族

ミャンマー（ビルマ）人 68%，シャン人 9%，カレン人 7%，ラカイン人 3.5%，中国人 2.5%，その他にモン人 2%，カチン人 1.5%，カヤー人など，135 の少数民族からなる。

(3) ミャンマーの文化

ミャンマーの人びとの 74%が仏教を信仰している。パガン王国が 11 世紀から 13 世紀に仏塔や寺院を建設し，仏教の聖地となっている。また，パガン王朝の時代よりミャンマーの土着宗教であるナッ信仰の聖地として，ポッパ山（1,518m）がある。この山の麓にあるタウン・カラッ（標高 737m）に参拝する。

主食はインディカ米で「ヒン」というカレーと食べる。カレーの種類は多い。米からつくられた麺も多く，軽食として気軽に食べられている。代表的なものにモヒンガーがある。また，ラペ（茶）を毎日飲食する。お茶は，砂糖や練乳をたっぷり入れた甘い紅茶，ふつうのお茶（ラペイエジャン），漬物（ラペソー）の 3 つがある。ラペソーは蒸した茶葉を密閉して数か月寝かせ，発酵させたもので，ラペソーに種々の香辛料と野菜を混ぜたサラダをラペトゥッという。ミャンマーにはキンマという嗜好品がある。キンマとはコショウ科の植物で，この葉に石灰をぬりビンロウの実を包んで丸めて，ガムのように噛む。この習慣は東南アジア各地でみられる。

女性や子どもが頬にぬっているのはタナカというおしろいで，日焼け止めとして腕や顔に付けたのが始まりという。タナカの木はカラタチに似て小さな実をつける。1 本成長するのに 35 年かかる。この木を研ぎ石で擦り付けてペーストをつくりぬる。

民族衣装はロンジーという。ロンジーとは巻きスカートのことで，男女とも着用する。男性用はパッソー，女性用はタメインと呼ぶ。

(4) ミャンマーの見どころ
①マンダレー

ビルマ人最後の王朝であるコンバウン（アラウンパヤー）朝（1752 〜 1885）の都。ミャンマー第 2 の商都。王宮は第 2 次世界大戦で破壊されたが，古いパゴダや寺院は今も残っている。仏像彫り，金箔作り，絹織物，人形劇が有名である。
②バガン

ビルマ人最初の王朝パガン朝（1044 〜 1299）の都で，カンボジアのアンコール，インドネシアのボロブドゥールとともに世界 3 大仏教遺跡に数えられる。アノーヤタ王は上座仏教を広く布教させるため土着信仰のナッを仏教の守護神とした。2,000 基ほどのパゴダが立つ。特産は漆器で，馬毛胎漆器（馬のしっぽの毛でつくる）が有名である。
③インレー湖

シャン州にある南北 22km，東西 7km の湖。水深 3 〜 7m で湖底の水草を利用して浮き畑で野菜が栽培されている。特にインレー湖産のトマトは有名。ここに住むインダー人は片足漕ぎで漁をする。近くに猫の曲芸で有名なガーペー寺院がある。

写真5-5　左上：タナカ，右上：インレー湖の浮畑と水上家屋
左下：パガンのパゴダ群，右下：ピンダヤ洞窟内の仏像

④ タウンカラッ

　小ポッパとも呼ばれ標高736m。ナッ神信仰の聖地。ポッパとはサンスクリット語で花という意味がある。760段の石段を裸足で登る。参道には猿が多い。

⑤ ピンダヤ洞窟

　ピンダヤとはシャン語で「広大な平原」を意味する。この町の目玉は15世紀に造られた全長150mの洞窟寺院。8,000体の仏像が祀られている。

⑥ カロー

　シャン高原にあり標高1,320m，イギリス統治時代の有名な避暑地であったため，今でもコロニアル風の洋館が残る。1929年ふたりのイタリア人が建てた由緒あるカトリック・キリスト教会があり，イタリアから運ばれたキリスト像が安置されている。

⑦ ヤンゴン

　旧首都。昔はダゴンという小さな港町だった。1755年にこの地を占領したビルマ族のアラウンパヤー王が，平和を願って「戦いの終わり」という意味でヤンゴンと名付けた。この町のハイライトはシュエダゴン・パゴダである。この仏塔は，ある商人の兄弟がインドで仏陀からもらった8本の聖髪を，紀元前585年にここに奉納したのが始まりと伝わる。高さ約100mの黄金の大仏舎利塔は，仏像を納めた60もの小さな祠でぐるりと囲まれている。

4. シンガポール

(1) 都市国家の発展

シンガポールはマレー半島の南端に位置し，東西 42km，南北 23km，面積 580km^2 のシンガポール島と周辺の小島からなる，国土総面積約 719km^2 の都市国家である。この面積は東京都 23 区や淡路島にほぼ等しい。総人口は 580.4 万人（2019）である。民族構成は中国系 74%，マレー系 13%，インド系 9%からなり，典型的な多民族社会である。全人口に占める華人の割合が，中国以外では世界で最も高い国である。

1400 年頃，現在のシンガポール領域にマラッカ王国が建国された。1511 年ポルトガルに占領され，マラッカ王国は滅亡した。1819 年イギリス人ラッフルズが上陸し，当時支配していたジョホール王国より許可を受け商館を建設した。1824 年正式にイギリス植民地となり，中継貿易・戦略拠点として発展した。地理的位置に恵まれたシンガポールは自由貿易港として，また，マレー半島やその周辺各地で産出されるスズやゴムなどを取り扱う中継貿易港として，急速に発展した。この繁栄する港湾都市は，中国・インド・マラッカ・ペナンなどの周辺地域から多数の移住者を引きつけた。1830 年代中頃よりマレー人を抜いて，華人がシンガポール最大の民族集団となった。20 世紀に入ってから今日に至るまで，華人は常にシンガポール総人口の 7 割を超える人口を維持してきた。

第 2 次世界大戦中日本が占領したが，戦後再びイギリス植民地となる。1959 年イギリスより自治権を獲得しシンガポール自治州となる。1963 年，シンガポールはマレーシア連邦の一州となったが，1965 年マレーシア連邦を離脱して完全に独立した。

以後，シンガポール政府は国家生存の手段として，急速な工業化政策を積極的に推し進めた。その結果，シンガポールは著しい経済発展を遂げ，韓国・台湾・香港とともに，アジア NIEs（新興工業経済地域）の一つに数えられた。1 人当たりの国民総生産・国民所得が，アジアでは石油産出国を除くと日本と並ぶ高い水準となった。

(2) シンガポールの観光地域

シンガポール・ボタニック・ガーデンは，2015 年に登録されたシンガポール初の世界遺産である。この植物園は 150 年の歴史があり，シンガポールの発展にも深いかかわりを持っている。前身は植物の研究に熱心だったラッフルズ卿が造ったフォートカニング・パークで，熱帯雨林の研究の場として現在にいたっている。オーキッド・ガーデンやジンジャー・ガーデンなど見どころも多い。

ここでゴムの木から樹液を効率よく採取する方法が開発された。このことがゴム産業を躍進させ，シンガポールの経済発展の礎を築いたとされる。なお園内の国花「バンダ・ミス・ジョアキム」をみて欲しい。

シンガポール動物園は，世界でも類を見ないオープンシステムの動物園である。檻屋や柵はなく，自由に動く動物たちの本来の姿を見て私たちは感動する。現在は隣接地にレインフォレストパークや新バードパークを建設中である。

写真5-6　左：マーライオンと高層建築物，右：ガーデンズ・バイ・ザ・ベイ（ともに薬師寺浩之）

　複合エンターテイメント施設として，近未来型ガーデンのガーデンズ・バイ・ザ・ベイ，アジア最大の統合リゾート施設であるリゾート・ワールド・セントーサ，世界最大級の水族館であるシー・アクアリウムがある。セントーサ島の北部にあるリゾート・ワールド・セントーサはアジア最大級の統合リゾート施設で，ユニバーサル・スタジオ・シンガポールをはじめ，水族館やプール，ホテルやカジノが集まっている。

　プラナカン文化を楽しむのも見どころの一つだ。プラナカンとは中国系の父親とマレー系の母親との間に生まれた人たちの子孫である。中国とマレーの文化をベースにアジアやヨーロッパの様々な文化を折衷させて独自の文化を創り上げた。プラナカンの文化はビーズ刺繍，陶器にみられる。最も重視されたのはニョニャ料理である。中国料理とマレー料理の融合であるだけでなく，細かい作業によって完成度を高めている。マレー人は使用しない中華食材にハーブやスパイスを用いるニョニャ料理は，インドやタイ，さらにポルトガルやオランダなどの影響も受けたユニークな料理である。街にはプラナカンのショップハウスを見ることができる。ショップハウスはおもに中国南部に見られる建築様式で，1階の玄関付近が店舗で，奥と2階より上が住居となっている。間口は狭く奥が長い。奥には祖先を祀る部屋，リビング，採光用の中庭，キッチンなどが続く。一戸単独で建てられることは少なく，数戸が連なってひとつの通りを形成している。

　街にはプラナカンのコミュニティがあった。そこでは今もショップハウスを見ることができる。オーチャード・ロードにあるエメラルド・ヒル，チャイナタウンの外れ，ブレア・ロード周辺，郊外のカトン・エリアではビーチに近いため，富裕層がハイカラな邸宅を立てた。ヴィラと呼ばれるこの邸宅がパークウェイ・パレード周辺に今も残っている。

（3）小国の観光戦略

　シンガポールはストップオーバーで立ち寄るだけの国から脱却し，一流の観光国を目指して政府主導の下，国の基幹産業として観光開発を行っている。統合型リゾート施設（カジノ）やMICE（国際会議等）の積極的誘致，世界で唯一公道を走るF1の開催，都市型の動物園（シンガポール動物園）や植物園（ガーデンズ・バイ・ザ・ベイ）などの人工的に作られた都市型観光施設は有名である。

　しかし，土地がなく，水，土，草も少なくマレーシアから石油とともに水も購入している。際立った遺産や自然に恵まれない。山岳，田園景観，温泉や宗教施設などの観光資源にも

恵まれない。けれども多民族国家であるこの国には，仏教寺院，修道院，教会，モスクなどの礼拝場所や，ヨーロッパの面影を色濃く残しているシティ・ホール周辺やラッフルズ上陸記念の地などの，歴史的な観光資源を活かした政策や動物や植物の生態系を守る持続可能な観光開発を模索している。

5．タイ

(1) タイの自然と民族・文化

　タイはインドシナ半島の中央部にあり，面積 51.3 万 km²，人口 6,962.6 万人（2019）で，国土は北部の山地と高原，中部のチャオプラヤ川流域の中央平原，東北部のコラート台地，南部のマレー半島部に分かれる。北部の山地と高原はミャンマー，ラオスとの国境となる。照葉樹林の山々では，アカ，リス，ヤオ，メオ（モン）族などの山岳少数民族が焼畑を行っている。彼らは，中国の雲南・貴州省から漢民族に追われて 19 世紀頃に住み着いた。現在ではタイ北部の少数民族の村をめぐるエスニックツーリズムも増え，素朴な生活が失われつつある。

　中部の中央平原はチャオプラヤ川とその支流が形成した沖積平野で，13 世紀にスコータイ王朝，14 世紀にアユタヤ王朝が成立し，18 世紀に一時ビルマの侵攻を受けたが，1782 年に現在のチャクリー王朝がバンコクに成立した。中央平原はタイの中核地域であり，米の生産を主体とした穀倉地帯でもある。

　チャオプラヤ川は全長 1,200km におよぶ大河川で，下流部にはデルタが形成されている。その範囲は河口から 100km の内陸にあるアユタヤ付近まで及んでいる。かつては後背湿地の低湿な水田では機械が使えず，浮稲栽培が主体であった。集落は自然堤防上に立地し，家屋は高床式，床の高さが 2m 近いものもある。しかし，近年では上流でのダムの建設，堤防の構築と灌漑用水路の施設等により，農業も機械化された。また，首都バンコクの周辺の低地には，日本をはじめとする外国企業の工場が進出し「アジアのシリコンヴァレー」と呼ばれている。2011 年の秋には雨季の大雨による冠水被害がデルタの広範囲に及び，自動車・電機製品等の生産が停止した。予想を上回る雨量があったとはいえ，洪水対策が不十分であった。

　東北部はタイ・ラオ族の生活舞台で，イサーン（サンスクリット語で東北の意味）と呼ばれ，中央平原とは景観が異なる。標高 200m 前後の風化層を含んだ砂岩を基岩とした波状の起伏があるコラート台地が広い面積を占めている。台地上では，キャッサバやトウモロコシの畑と，天水に頼った水田，ところどころに岩塩を取った後の廃砂のドームが見られる。この地域の開発の歴史は古く，BC2000 年頃にバンチェンの彩文土器に代表される高い文化があった。この遺跡は水田で囲まれた低いマウンド上にあり，水稲農耕を基盤とし，農閑期には金属器や土器を作り，製塩などを行っていた。先進地域であったにもかかわらず，11 世紀を境に，タイの歴史の表舞台から姿を消した。イサーンに住む人たちは，仕事を求めてバンコク大都市圏へ移動している。

(2) タイの見どころと課題

　タイは地域によって気候や風土，文化が異なる。バンコク，中部，北部，東北部，南部と大まかに5つのエリアに分けることができる。魅力あふれる大都会バンコク，バンコクから近い遺跡の町アユタヤ，自然の中をトレッキングできるカンチャナブリー，マリンスポーツからナイトライフまでアクティブ派向けのリゾート地パタヤなどがある中部，山と緑と少数民族の北部，東北部はイサーンと呼ばれ，海抜150～200mの乾いた大地が続いている。ラオスとの国境をなす大河メコン沿いはラオスとの文化的共通点が見られる。対してイサーン南部のカンボジア国境沿いにはクメール遺跡が点在している。島々とプーケット，クラビなどビーチリゾートがある南部と見どころは多い。ここでは北部と南部の観光地域について述べる。

　タイ北部は1296年にタイ族のメンラーイ王がチェンマイを都としてラーンナー・タイ王朝を興す。隣国ビルマと争いながらも19世紀後半までの約600年間，タイ北部を治める独立国として存続した。そのためタイ北部は寺院の建築様式，美術，料理，服飾などの文化面において，ビルマとタイの要素が融合した独自のスタイルをもっている。チェンマイ市内に残る七大仏教寺院や世界遺産に登録されたスコータイ遺跡の見学や，少数民族の暮らす村を訪ねるトレッキングなど見どころは多い。ミャオ族の村「ドイプーイ」，ゴールデン・トライアングルの村「ソプローク」，国民党の村「メーサローン」，アカ族の村「イーコーサムジェ」，ヤオ族の村「パードゥア」の他，メーホーンソーンからパドゥン・カレン族の村を訪ねるツアーがある。パドゥン・カレン族の女性は真鍮のコイルを巻いて首を長く伸ばす風習がある。彼らはもともとミャンマーからの難民で，ここに住むにもタイの旅行業者やカレン族のミャンマー反政府組織がかかわっている。入場料（村に入るのに250バーツ必要）や村内での買い物は見世物的な生活を強いられる彼らの生活の足しになるのだろうか。首長族の珍しい首が目的で，観光客は写真を撮るだけで大したお金を落としてくれない。私たちにできることは，村で売られているお土産をたくさん買うことである。真鍮のリングや小さなバッグなどどれも手作りの品だ。様々な少数民族を一か所に集めてタイの少数民族を見学できる施設もあり，「人間動物園」ではないかと批判されることがある。私たちは何を見学するのか。決して人間を見るのではないのだ。

　近年，医療技術の発展で，メディカル・ツアーのビジネスモデルが普及し，日本人を対象とする病院もある。伝統的「タイ式医療」が制度化され，「タイ・マッサージ」が観光化

写真5-7　左：バンコクの都心，右：プーケット（薬師寺浩之）

に対応して提供されている。これは外国人向けのスパやエステにも取り入れられている。

　南部のビーチリゾート（プーケット島，ピーピー島，クラビ，サムイ島など）は世界有数のビーチリゾート地で，2019 年まではオーバーツーリズムに悩まされていた。とくにピーピー・レー島は無人島でゴツゴツした岩ばかりの島だが，映画『ビーチ』のロケが行われたことで有名になり，観光客が増加した。スノーケリングポイントとして人気だったマヤ湾は，中国人観光客が押し寄せて環境破壊が進んだため，生態系が回復するまで2018 年から無期限閉鎖中である。

　観光を用いた地域経済の活性化と自然環境保護のバランスをとることの難しさ，持続可能な観光開発の難しさを考えるうえでよい事例だと言えるだろう。

6．インドネシア

(1) 島嶼国家の自然環境

　インドネシアは，赤道を中心に北緯 6 度〜南緯 11 度までの南北約 1,900km，東経 95 度〜141 度までの東西約 5,100km におよぶ広大な領域に位置し，大小 1 万 7,000 余の島々からなる世界最大の島嶼国家である。面積は約 191 万 km^2 で日本の約 5 倍，人口は 2 億 7,062.6 万人（2019）を数える。国土はスマトラ北部のサバン州からイリアン・ジャヤ南東端のメラウケ州まで 27 の州に分かれ，3 つの時間帯をもつ。ジャワ，スマトラ，カリマンタン（ボルネオ），スラウェシ，ニューギニア（パプア）などが大きな島々である。

　気候は主要な島々が赤道直下にあるため，ほぼ全土が熱帯で，高温多湿の海洋性気候となっている。南半球のジャワ島東部や小スンダ列島では雨季と乾季に分かれ，10 月〜3 月は北東貿易風の影響で雨季となるが，6 月〜9 月はオーストラリアから乾いた風が吹き込み乾季となる。

　地形的にはアルプス・ヒマラヤ造山帯に属し，東部で環太平洋造山帯と接合する。またインド・オーストラリアプレートがユーラシアプレートにもぐり込むプレート境界で，400 を超える火山があり，そのうち約 130 が活火山である。さらに地震が多発しており，2004 年 12 月 26 日のインド洋スマトラ沖地震（マグニチュード 9.1）は大津波を伴い，スマトラのアチェ州だけでも死者・行方不明者が 16 万人を超える大惨事となった。周辺の国を含む犠牲者は，国連の推計では 22 万人にも達した。

　民族は 300 以上の集団（エスニックグループ）に分かれ，言語も多様である。ジャワ人が約半分で，スンダ人，マドゥラ人，アチェー人などの順に多い。国民の 90％がイスラームを信仰しているが，絶対的なものではなく，他の宗教も認めている。

(2) 人口過密なジャワ島

　インドネシアの火山地帯では，大爆発の脅威とともに，その恩恵も忘れてはならない。各地で温泉が湧いており，地熱発電も行われている。さらに，広い裾野に堆積した火山灰は，栄養分の乏しい熱帯の土壌を肥沃にしている。とくにジャワ島では中性からアルカリ性の火山灰が広く堆積したため，日本の塩基性火山灰に比べて稲の栽培にも適している。また，

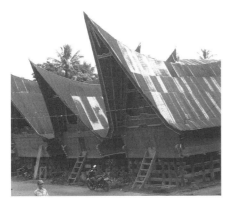

写真 5-8　左：バタック人の舟形住居（スマトラ島・トバ湖にあるサモシール島）
　　　　　右：道端の果実と野菜の店（スマトラ島，パダン）

火山裾野の湧水を利用し，谷間では棚田が見られる。そこでは，最上部の水源を確保すると，透水性の土壌のため下流まで灌漑が容易に行われるという，自然のシステムが巧みに取り入れられた。ジャワ島における集約的な水稲耕作の展開や人口の集中は，こうした自然条件によるものである。

　一方，やせた土壌で焼畑耕作が主体のカリマンタンやスラウェシ島では人口も少ない。この二つの差異はオランダの植民地時代を通して増幅され，その結果，極端に均衡を欠いた人口分布がもたらされた。国土の 6.7％にすぎないジャワ島にインドネシアの総人口の約 3 分の 2 が集中している。このためインドネシア政府は，人口過密なジャワ島からカリマンタンやスラウェシ島などへ移住するトランスミグラシ（Transumigrasi）政策を進めているが，カリマンタン西部において入植者と先住民との民族衝突が起こり，事態は改善されていない。

(3) バリ島の観光地域

　インドネシアには，ボロブドゥール遺跡群やプランバナン寺院群などの文化遺産，スマトラの熱帯雨林遺産，コモド国立公園などの自然遺産がある。ここでは世界的にも有名なリゾート地であるバリ島について考えてみよう。

　バリ島はジャワ島の東に浮かぶ，5,633km² ほどの島（東京都の約 2.6 倍の面積）で，人口は約 422 万人。住民の大多数がバリ人でジャワ人や華人，外国人も住んでいる。宗教は約 9 割がバリ・ヒンドゥー教徒で，他にイスラム教徒，キリスト教徒，仏教徒もいる。

　バリ島が他の島と異なる特異性をもっているのは，インドネシアで唯一のヒンドゥー教の島であるためだ。バリ・ヒンドゥー教で特徴的なのは，本来の 3 大神シヴァ，ヴィシュヌ，ブラフマの上にサンヒャン・ウィディという最高神が存在することである。これは，島にもともとあった自然信仰との融合で生まれた神とされている。宗教儀礼が多く，朝と夕方，毎日神々に供物を捧げる。

　バリは歴史も古く，紀元前 3 世紀頃には金属器を使ったドンソン文化の影響を受けている。9 世紀後半頃からはインド文化が波及し，独自の文化が栄え始めた。13 世紀頃からはマジャパヒト王国の支配下，16 世紀にはクルンクンの南にゲルゲル王朝が興った。18 世

写真5-9　左：バリ島の集落と棚田，右：バリ島の舞踏「ケチャ」（ともに薬師寺浩之）

紀には8つの王国に分裂していた。

　19世紀初頭からは，オランダが北部，西部と制圧し，ついにクルンクン王朝を滅ぼして，バリ島全土を支配下に置いた。先進国の影響で島の素朴な風習は変化していたが，1920年代からは欧米で「バリ島ブーム」が起き，多くの外国人芸術家が訪れた。彼らはバリ島の芸能や芸術に大きな影響を及ぼし，その影響がバリ島文化をより魅力的なものにし，観光化を促進した。今では世界的観光地となり，ホテル，レストランの収入が農業部門を超えており，観光産業への依存度は大きい。

　バリ島には5つのエリアが2012年に世界遺産に登録された。正式名称は「バリ州の文化的景観：トリ・ヒタ・カラナ哲学に基づくスバック灌漑システム」で，「トリ・ヒタ・カラナ」とはサンスクリット語でバリ・ヒンドゥー教の大事な教えのことをさしている。霧の中にたたずむ「雲上の寺院」ウルン・ダヌ・バトゥール寺院，「バリの水がめ」と呼ばれているバトゥール湖，一面に広がる棚田が美しいジャティルウィのライステラス，10基のメル（塔）が建ち並ぶバリ島で最も美しい寺院タマン・アユン寺院，キンタマーニ高原から流れる聖なる川パクリサン川はインドラ神が聖剣をふるい創造したという神話の舞台になっている。ここにもスバック（バリ島の伝統的な水利組合）によって整備された棚田が広がっている。

　バリ観光の最大の見どころは，バリ舞踊を見学することだ。バリ舞踊には「レゴン」，「バロン」，「ケチャッ」などさまざまな演目があり，ストーリーのないものから物語を取り入れた舞踊劇まで数多く存在する。人気の演目は「ケチャッ」である。大勢の男たちが威勢よく「チャッ，チャッ」とかけ声をあげるケチャッは，観光客にも人気の高い演目である。本来は魔を祓う宗教儀礼「サンヒャン」で行われる囃子だったが，1933年に画家ヴァルター・シュピースによって観光舞踊として構成し直され，その後インドの古代叙事詩『ラーマーヤナ』の物語が加わった。この事実を知らず，真の伝統であるかのように観光客や地元住民にも受け入れられていることは問題である。

6 南アジアの観光地域

1. インド

(1) インドの地勢と気候

　面積328.7万km²，人口13億5,405.2万人（2018）の国である。首都はデリーで人口1,100.7万人（2011）。国土はヒマラヤ山岳地帯・ヒンドスタン平原・インド半島の3地域に大別される。ヒマラヤ山岳地帯は並行する3つの山系からなり，その外壁を形成するヒマラヤ・カラコルム両山脈の平均高度は6,600m。ヒンドスタン平原はインダス・ガンジスの2大水系がつくった大沖積平野。半島部は東西のガーツ山脈に囲まれてデカン高原を形成している。インド・パキスタン・中国の3国間にカシミール地方などの領有権問題をかかえる。ベンガル湾東部にあるアンダマン諸島とニコバル諸島を領有している。

　気候は沿岸部やデカン高原は熱帯（Am・Aw），ガンジス川中・上流は温帯（Cw），パキスタンとの国境地帯は乾燥気候（BS・BW），山岳地帯は高山気候（H）と変化に富んでいる。モンスーンの影響が強く，冬季（1月〜3月）は北東風が，また夏季（5〜9月）には南西風が卓越する。この南西モンスーンの影響でインド洋に面した西海岸やヒマラヤ山麓には多量の降雨がある。デリーは内陸部にあり，1月平均気温14.1℃，7月31.4℃，年平均気温25.2℃，年降水量768mmと寒暖差がある。最大の都市ムンバイは1月24.9℃，7月27.8℃で，年降水量2,182mmは夏季に集中する。

(2) インドの特異性—多言語・多文化国家
①民族

　インド・アーリヤ系が72％と最も多く，次いで南部のドラヴィダ系が25％を占める。
②言語

　ヒンディー語が連邦公用語となっているが，約40％で，地方公用語が20余ある。このため，英語が準公用語となっている。インド紙幣には中央にヒンディー語と英語，裏面左側に地方言語が記載されている。
③宗教

　ヒンドゥー教が79.8％と多数であるが，イスラーム14.2％，キリスト教2.3％，シーク教1.7％，仏教0.7％，ジャイナ教0.4％も信仰されている（2011年）。シーク教とは16世紀初め，ヒンドゥー教をベースにイスラームの影響を強く受けて成立した宗教。創始者はナーナク（1469〜1538）でパンジャーブ地方を中心に普及した。一神教的で偶像やカースト制を否定し，苦行を禁止した。
④カースト

　紀元前1500年頃のアーリヤ人による侵攻にその起源を発するといわれる。アーリヤ人

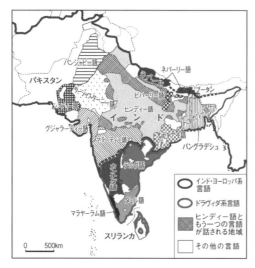

図 6-1　南アジアの言語分布図
（帝国書院『新詳地理 B』指導資料より）

写真 6-1　インドの 10 ルピー紙幣
（とうほう『新編地理資料 2020』より）

写真 6-2　左：デリーのヒンドゥー教寺院，右：サールナートにある仏陀の説法像

は肌の色や職業などを分け差別した。ヴァルナ（もとは色の意味，階級）とジャーティ（職）がある。ヴァルナはヒンドゥー教徒を 4 つに区分している。上位からブラーミン（僧侶），クシャトリア（戦士），ヴァイシャ（商人），シュードラ（平民）で，この 4 つの区分に属さない者をダリット（アウトカースト）と呼んでいる。ダリットが汚らわしい者として扱われ，触れてもいけないという意味からアンタッチャブル（不可触民）と言われ，その職業は生き物の殺傷を伴うもの（肉屋や魚屋）であったり，トイレの掃除人であったりする。

　ジャーティというのは，職業別に区分した制度で，ヒンドゥー寺院などを建築する際に担当した職域にその起源を発するという。この職能は世襲制で，石切工の子供は石切工になる。このことはジャーティが失職防止に効果を発したと言われている。

　1950 年に差別をなくすように法律が制定された。都市部を中心にこうした身分制度は崩れてきているが，農村部ではまだ根強く残っている。

⑤インドの服装

　インドの多くの人たちは伝統的な衣装を身に付けている。代表的なものには，男性のドーティー，女性はサリーがある。どちらも腰に巻き付けて着用する一枚の布で，巻き方も地

写真 6-3　インド人の服装，左：タージマハルの観光客，右：デリー南方の農家の女性

写真 6-4　左：ヴァラナシ市内の路地，右：デリーの布地店

方や階層によって異なる。

　ドーティーは 5m ほどの白い木綿の布で，腰に巻いた布の一端にひだを取り，股をくぐらして腰の後ろに挟み込むのが一般的な巻き方である。上半身にはクルターという白い木綿のシャツを着る。クルターはパージャーマーという薄い木綿のズボンと一緒に組み合わせても着る。

　サリーは長さ 5 ～ 9m の布で，巻き方やプリーツの取り方などによって長短が異なる。下にペティコート，上にチョーリーという身体にぴったり合ったブラウスを着用した後，腰に巻いて，さらにその片端を肩にかけたり，頭からかぶったりする。

　女性の服装として近年急激に普及したものに，パンジャービー・スタイルがある。インド北西部のパンジャーブ地方から広まったもので，シャルワールという裾の細いズボンとカミーズという丈が腿まである長袖の上着を組み合わせたもので，さらにドゥパッターという長めのスカーフをかぶったり，両肩にかけるのが元来のスタイルだった。はじめは子供用として普及したが，都会で働く女性の間に広まり，柄もデザインも多様化している。

⑥インドの食生活—インドはスパイス王国

1）北インドの料理

　小麦の主要な産地で，主食は小麦粉を発酵させないでつくるチャパティと，発酵させてつくるナンがある。カシューナッツやアーモンドなどのナッツ類を食べる。肉食が多く，乳製品を使ったこってりとしてクリーミィーな味付け。ミルクティーをよく飲む。ヒヨコ豆カレーやタンドリーチキンはこの地方の料理で，ピーナッツ油を使う。

写真 6-5　カレーとライス，ナン（デリーのレストラン）（原　眞一）

2）東インドの料理

　雨の多い地域で，主食は米とチャパティの両方。ガンジス川などの大河川があり，川魚をよく食べる。野菜，肉，魚，卵などバラエティーに富んだ食品をとる。魚カレーやミルクでつくる甘いお菓子が好まれる。料理にはマスタード油を使う。

3）西インドの料理

　大インド砂漠がある乾燥した地域。主食は米とチャパティの両方。ベジタリアンが多い地域で，野菜や豆をたくさん食べる。野菜カレーの種類も豊富。辛味が少なく，あっさりした味付け。ヒングという独特のスパイスがある。西海岸では魚介類が豊富に使われ，ピーナッツ油を使う。

4）南インドの料理

　稲作がさかんで主食は米。米の種類も豊富。米粉でつくるクレープやパンケーキのような料理がある。またベタリアンが多く，野菜や豆をたくさん食べ，バナナ料理もある。牛乳よりはココナッツミルクをよく使う。味付けは辛く汁気の多いさらっとした料理が特徴。マサラドーサ（中にカレー味のじゃがいもや玉ねぎが包まれている軽食料理の代表），サンバル（スパイスといっしょに豆を煮たカレーの総称。旬の野菜が煮込まれて南インドでは日本の味噌汁と同じくらい一般的な料理）などが有名で，コーヒーをよく飲む。料理にはココナッツ油を使う。

⑦その他

　食事では不浄とされている左手を使わない。ヒンドゥー教徒は牛肉を，ムスリムは豚肉を食べない。そのためインドではベジタリアンが多い。

(3) インドの世界遺産と見どころ

　インドにはアジャンター石窟寺院群，エローラ石窟寺院，アグラ城塞，タージ・マハルなど 1983 年に文化遺産として登録されて以来 29 件の文化遺産，マナス国立公園などの自然遺産が 7 件，カンチェンゾンガ国立公園が 2016 年に複合遺産として登録され，合計 37 件ある。

　インドでは仏教遺跡，ヒンドゥー教の遺跡，そしてイスラームの遺跡がある。仏教遺跡の代表はアジャンター石窟寺院で仏陀の生涯を描いた壁画は最高傑作といわれている。ヒ

ンドゥー教遺跡はカジュラーホの建物群で，インドの伝統的宗教観を見ることができる。ムガル王朝の支配下にあったインドではイスラーム関係の遺跡が目立つ。タージ・マハル，アグラ城塞，フマユーン廟，レッド・フォート，ファテプール・シークリーなどの建造物は，イスラームとヒンドゥーが融合したものである。いくつかを紹介する。

①タージ・マハルとアグラ城

　アグラはデリーからヤムナー川沿いに約200km下流にある地方都市。1558年に，ムガル帝国第3代皇帝アクバルがここに首都を置いた。1638年に第5代皇帝シャー・ジャハーンがデリーに遷都するまで帝国の中心として栄えた。タージ・マハルはシャー・ジャハーンが愛妃のために22年の歳月を費やして1653年に完成した白大理石の豪華な墓である。アグラ城はアクバル帝によって1565年に築かれた。シャー・ジャハーンは息子のアウラングゼーブによってアグラ城内の一室に幽閉され，いつも輝くタージ・マハルを眺めながら，静かに寂しく余生を過ごしたという。

写真6-6　左：タージ・マハル，右：アグラ城

②ファテプール・シークリー

　アグラから南西37kmにあるアクバル帝の城跡である。世継ぎに恵まれなかったアクバルは，ここに住む聖者シェーク・サリーム・チシュティーの予言によって男児（後の第4代皇帝ジャハーンギール）を得た。そこでアクバルは1571年，この地に首都を移転した。建物はヒンドゥーとイスラームの文化的融合を示している。水不足が原因でわずか14年で放棄されため，つかの間の都と言われる。

③デリーの見どころ

1）ラール・キラー（レッド・フォート）

　ムガル帝国第5代皇帝シャー・ジャハーンはアグラからデリーに都を戻し，新たに都城を建設した。その中心にある赤い砂岩で築かれた城で，レッド・フォートと呼ばれる。

2）フマユーン廟

　第2代皇帝フマユーンの廟はその妃が1565年に建造した。庭園の中に廟を置く形式で，のちに影響を受けて建てられたタージ・マハルに比べれば小さいながらも，インド・イスラーム建築の傑作とされている。1993年に世界遺産に登録された。

3）インド門

　第一次世界大戦で戦死したインド兵の慰霊碑として建てられ，高さ42mの威容を誇っ

写真 6-7　左：ラール・キラー（レッド・フォート），右：フマユーン廟

ている。

4）クトゥブ・ミナール

　デリーの南郊外 15km にある。ミナールはモスクの尖塔（ミナレット）のことで，インド最古のイスラーム建造物。5 層目は地震で落下して今はない。

④その他の地域

1）カルカ・シムラ鉄道

　1999 年文化遺産に登録されたインド山岳鉄道群の一つ。1903 年に開設された 762㎜ のナロゲージのトイトレインで，カルカ〜シムラ間 96km を走る。カルカの標高は 656m でシムラの標高は 2,078m，その間 102 のトンネルと 860 の橋を渡り，5 時間かけて登っていく。ほかにダージリン・ヒマラヤ鉄道とニルギリ山岳鉄道がある。

写真 6-8　カルカ・シムラ鉄道

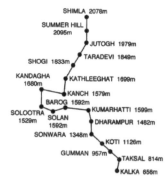

図 6-3　シムラ鉄道の駅と標高

2）シムラ

　イギリス統治時代の夏の首都だった。ダージリンとともに避暑地である。シムラはイギリス領インドにおいて 1911 年までインド帝国の首都であった。コルカタ（カルカッタ）が暑いため夏季の首都であり，軍の総司令部もシムラに移動した。1819 年にインド在住のイギリスの役人や軍人たちが夏を過ごすようになった。1906 年カルカからシムラまで鉄道が開通し，ホテルも建てられ「イギリスの東洋の宝石」と言われている。インド有数の保養地で夏はゴルフ，冬はスキーが楽しめる。

写真 6-9　左：シムラ市街地，右：旧イギリス総督府

写真 6-10　左：ヴァラナシのガート（薬師寺浩之），右：ガンジス川の沐浴場での祈りをする人々

3）ヴァラナシ（ベナレス）

　ヒンドゥー教の聖地で，ガートとよばれる沐浴場がガンジス川に沿って 65 ある。火葬場のマニカルニカー・ガートでは写真撮影はタブーである。

4）サールナート

　仏陀が初めて説法をしたところで，仏教徒にとっては重要な聖地。ヴァナラシの北東 10km にある（**写真 6-2 右**）。

5）インドのヒルステーション

　インドのヒルステーションはシムラやダージリンをはじめとしたヒマラヤ山中に集中しているが，南インドの西ガーツ山中にもあり，いずれも標高 1,700m 〜 2,500m 前後の冷涼な高原や山地に位置している。

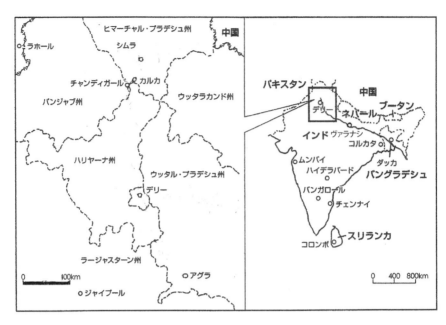

図6-3　北西インド概要図

2. スリランカ

(1) スリランカの地勢と気候

　スリランカはシンハラ語で「光り輝く島」という意味で,「インド洋の真珠」とも言われている。面積6.6万km²（北海道と九州のあいだくらいの大きさ）,人口2,095.0万人（2018）の国である。首都はスリジャヤワルダナプラコッテで人口10.7万人（2012）。インドの南東端,ポーク海峡を隔ててインド洋上に浮かぶ熱帯の島国である。南中央にピドゥルタラガラ山（2,524m）,その南に聖山アダムスピーク（別名スリー・パーダ,2,243m）がある。

　国全体が熱帯（Af・Aw）でモンスーンの影響が大きい。Maha期（5〜9月）は南西モンスーンが,島の中央から南部にかけて走る山脈の南西斜面に多量の雨をもたらす。北部や東部ではこの間乾燥する。Yala期（11〜3月）の北東モンスーンは,島全体に雨をもたらす。島全体は大きくウェットゾーン

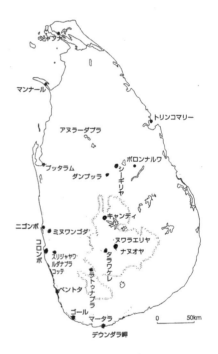

図6-4　スリランカ概要図

とドライゾーンに大別できる。最大の都市コロンボは1月平均気温27.1℃,7月27.9℃,年平均気温27.7℃,年降水量2,322mmである。

写真 6-11　左：シーギリアロック，右：頂上の王宮跡

写真 6-12　ダンブッラの黄金寺院

（2）スリランカの民族と宗教

　先住民はヴェッダという狩猟採集民である。紀元前 5 世紀ごろインド北部より移住してきたシンハラ人が 82.0 ％（2001）を占め，上座仏教を信仰している。その後紀元前 2 世紀以来インドから移住してきたタミル人（9.4 ％）はヒンドゥー教を信仰している。ムーア人が 7.9 ％で，イスラームを信仰している。バーガーと呼ばれるヨーロッパ系が 0.3 ％を占め，カトリックを信仰している。

（3）スリランカの世界遺産

①文化遺産

　聖地アヌラーダプラ（1982 年登録），古都ポロンナルワ（1982），古都シーギリヤ（1982），聖地キャンディ（1988），ゴールの旧市街と要塞（1988），ダンブッラの黄金寺院（1991）の 6 件。

②自然遺産

　シンハラジャ森林保護区（1988 年登録，シンハラジャは「ライオンの王国」という意味），スリランカの中央高地（2010）の 2 件。

（4）スリランカの文化景観

①稲作と茶エステート

　稲作は，天水田とタンク灌漑に依存するドライゾーンと，小規模な谷あいの水利を基本

とするウェットゾーンの二期作地帯とで異なる。すなわち乾燥した平原のインド型に似た稲作と，河谷や盆地の移植栽培の両方がみられる。牛蹄脱穀や踏耕も存在する。

　一方，マータレーからヌワラエリヤ，ウヴァ地方にかけての中央高地では，イギリス植民地時代に開発された茶のエステートが広く分布する。キャンディ地方では稲作農村は河谷や盆地に分布し，耕地と樹園地（胡椒，クローヴ，ナツメグなどの有用植物を植えた庭園）が家屋の周りに位置する。村の上部の山腹や山頂部にはかつてはヘーナという焼畑が存在したが，今は減少し茶園が広がり，エステートのバンガローとタミル労働者の住む長屋が立地する。両者のあいだの社会的，交通的な関連は希薄である。ローカントリィーの平地には水田のほか，ココヤシやバナナの大規模なエステートが開かれている。

②宗教景観

　スリランカでは仏教（文化三角地帯における古代遺跡を含む），ヒンドゥー教，イスラーム，キリスト教などの多様な景観を見学できる。

　ユネスコの世界遺産に登録された文化三角地帯はスリランカにおけるツーリズムの目的地である。アヌラーダプラやポロンナルワではユネスコの援助により考古学的遺跡の発掘と修復が進められている。シーギリヤとダンブッラは壁画で有名である。

③ポルトガル，オランダ，イギリスなどが建造した植民地景観

　とくにフォートの建築やヒルステーションなどに注目したい。スリランカでは古くからアラブ商人たちによるシナモンをはじめとする香料貿易が行われていたが，16世紀に入ってポルトガル人が来島し，コロンボやネコンボにフォート（砦）を築き，これを拠点にアラブ人に替わってシナモン貿易を支配した。17世紀に入るとオランダ勢力がポルトガルを駆逐し，海岸部を中心に支配を強め，シナモン，コーヒー，胡椒などの商品作物栽培を進めた。

　南部の町ゴールは古くからアラブ商人の貿易港として栄えていたが，1505年にポルトガル人が到着し，1589年にフォートを築いた。その後オランダが1640年にこのフォートを占拠し，オランダ東インド会社（VOC）の拠点とした。現在フォート内に残る城壁，城門，稜堡，改革派教会や司令部の建物の多くは1660～80年代に建設されたものである。しかしオランダ勢力は次第にイギリスにとってかわることになる。フォート内には今も植

写真6-13　左：ゴールのフォート，右：フォートに残る時計台

民地当時の建物が残存し使用されている。

（5）ツーリズム

①文化三角地帯の仏教遺跡

文化三角地帯とはアヌラーダプラ，ポロンナルワ，キャンディを結ぶ三角形の内側を指す。アヌダーラプラは最初の王朝の都で，紀元前3世紀にインドのアショーカ王の王子マヒンダの一行が仏教を伝え，さらにブッダガヤの菩提樹の分け木や仏歯がアヌラーダプラに送られた。以降，アヌダーラプラは仏教信仰と政治の拠点として，1400年近くにわたって都であった。

10世紀になると南インドからのヒンドゥー勢力が激しくなり，1017年都は南東のポロンナルワに移った。しかし1255年ポロンナルワの都も放棄され首都は転々とした。1474年にコッテ王国（1372～1597）から分離し成立したシンハラ人のキャンディ王国が島の中央部のキャンディを首都として，内陸部を支配するようになった。

キャンディはスリランカ上座仏教の聖地として巡礼者を集めている。1590年に，仏歯を納める寺が建立されているからである。多くの観光客が仏歯を見ようとやってくる。1815年イギリス軍によりキャンディは陥落した。イギリスはこの後キャンディの景観を英国風に改変した。そのためシンハラ文化の伝統とオランダやイギリスなどのヨーロッパ文化の混交した独特の景観が見られる。

②インド洋に面した海岸地帯のリゾート

南西部の海岸地帯には，ベールワラ，ベントタ，アルトガマ，ヒッカドゥワ，ウナワトゥナなどの海浜リゾートがある。スマトラ沖地震（2004）の津波で被災したが，現在は復興している。

③フォート

フォートの建設は1517年，ポルトガルのインド総督であったロポ・ソアレス・デ・アルバリガリアが，コッテ王国の許しを得てコロンボに築いたのが始まりである。続いてネコンボ，ゴールなどにも建設されたが，オランダは1637年に東部のバティカロア，1639年にトロンコマリー，1640年にネコンボとゴール，1656年にコロンボ，1658年にはジャフナを占領してポルトガルの勢力を駆逐し，これらの都市にフォートを新たに建設もしくは改築・増強した。しかし最終的に1796年イギリスは大きな戦闘を経ずしてオランダを退けたので，オランダ時代の星形の城郭プランを今に伝えるフォートの遺構が全土に残っている。

④ヒルステーション

ヒルステーションとは，アジアにおける西洋人の夏の居住地（避暑地）を指す。別荘，西洋式ホテル，人造湖，植物園，ゴルフリンク，競馬場それに政治中心都市からの鉄道などの施設を有する点が共通している。ヌワラエリヤは1826年ごろから当時のイギリス総督E・バーンズの命によってヘルスリゾートとして開発が始まった。ヌワラエリヤは標高1,870m，平均最高気温22℃ほどのスコットランドを思わせる冷涼な気候の地である。この一帯はアッサムからもたらされた茶の産地でエステートがあり，タミル人労働者が働い

写真 6-14　ヌワラエリヤ，左：会員制ホテル，右：タミル人女性の茶摘み

ている。

(6) スリランカの課題

①シンハラ人対タミル人

　アーリヤ系でシンハラ語を話す仏教徒のシンハラ人，ドラヴィダ系でタミル語を話すヒンドゥー教のタミル人という民族区分自体，西欧勢力による支配とその下でのナショナリズムの展開を通してできあがった。民族暴動では肌の色ではなく，言語によって攻撃していた。近年暴力主義に対する批判，反省が高まり，両民族間の融和や共存の可能性が出てきた。

②カースト

　スリランカ社会にもカーストが存在する。ただインドとは異なり，タミル人，シンハラ人ともそれぞれ，ヴェッラーラ，ゴイガマといわれる「農民カースト」が上位で，人口の約半分近くを占めている。そして残りが，職人や種々の職能を伝統的に担う職人カーストである。

　タミル社会では，ブラーミンが宗教職能者であるものの，インドのように最高位に位置付けられていない。しかし，「アンタッチャブル」のカテゴリーは存在しており，インドと類似する部分も多い。

③ツーリズム振興のため資本投資が必要

　2009年5月内戦終結による復興需要や経済活動の活性化，治安改善により観光客が増加するも道路，鉄道，通信，宿泊設備などの資本投資が必要である。

【コラム】危機遺産

（1）危機遺産とは？

　世界遺産が直面する危機には，地震や津波などの自然災害のほか，密猟や外来種による生態系の悪化，宗教対立や民族紛争，戦争などがある。また，近年では過度の観光化や都市開発なども大きな危機となっている。2019年3月現在54件が危機遺産リストに記載されている。

　2017年の世界遺産委員会では『ウィーンの歴史地区』が危機遺産リストに記載された。美しい眺望で有名なベルヴェデーレ宮殿から見渡せる範囲内に，ウィーン市が高さ60mを超す高層ビルの建設計画を進めているためである。ビルには巨大ホテルや高級住宅，企業のオフィスが入る予定で，企業や富裕層を呼び込み，地域経済を活性化したい狙いがある。一方でユネスコの世界遺産センターは，ビルの高さが街の景観を損ねるとして，ウィーン市に計画を見直すよう呼びかけてきた。しかし，目立った改善が見られないため「危機遺産リスト」への記載に踏み切った。今後の動向が注目されている。

（2）リストに記載されると

　リストに記載されるとその遺産を持つ国は，適切な保全計画を立てて実行する必要がある。また，危機を脱した後も状況調査を行い報告することが求められる。こうした作業を実施するために必要な資金や人材が不足している場合には，世界遺産基金の活用や世界遺産センターなどの協力で財政的・技術的な支援が受けられる。危機を脱する道筋ができたと世界遺産委員会が判断すれば，危機遺産リストから外される。

　『ガラパゴス諸島』は，都市開発や外来種による生態系の破壊などの理由で，2007年から危機遺産リストに記載されたが2010年に脱した。

　2020年に危機遺産リストからの脱却をめざしているのが，アフガニスタンの『バーミヤン渓谷の文化的景観と古代遺跡群』である。この遺跡群には1～13世紀ごろにかけて築かれた約1,000の石窟遺跡が残っている。バーミヤンはシルクロード上にあり，東洋と西洋の十字路として栄えたところで，地域の芸術や宗教がインドやササン朝ペルシャ（226～651）などの文化と融合して，ガンダーラ美術へ変化する様が見て取れるため貴重だが，イスラーム過激派組織のタリバン政権によって破壊された。2001年3月に有名な2体の摩崖仏が爆破されたほか，石窟内の壁画の約8割が失われた。爆破による崩壊，壁画の劣化，盗難の恐れといった理由から，2003年緊急的登録推薦で世界遺産登録と同時に危機遺産にも登録された。現在は修復作業が進められており，日本は中心的役割をしている。

（3）世界遺産リストから抹消された遺産

　世界遺産としての「普遍的価値」が損なわれたと判断された場合，世界遺産リストから抹消される。2019年3月現在，2つの遺産が抹消されている。『アラビアオリックスの保護地区』は，オマーン政府が石油・ガス開発のため，保護地区の約90%の削減を決定したため，危機遺産リストに記載されることなく直ちに登録抹消が決定され，2007年にリストから抹消された。また，ドイツの『ドレスデン・エルベ渓谷』は，エルベ川に橋を架ける計画が歴史的景観を損なうとして，2006年に危機遺産リストに記載されたが住民投票の結果，橋の建設が実行されたため2009年に抹消された。

7 アフリカの観光地域

1. アフリカの世界遺産

　アフリカには 150 件ほどの世界遺産が登録されている。特徴的なことは自然遺産が 54 件，危機遺産が 29 件，負の遺産が 3 件ある。最も多く登録されている国は，南アフリカ共和国の 10 件で，次いでエチオピア，モロッコの 9 件，チュニジアが 8 件，アルジェリア，エジプト，ケニア，セネガル，タンザニアの 7 件となっている。

　アフリカは政情不安で治安や衛生面での安全性に問題のある国もあり，観光地は限られる。それでもエジプトのピラミッド見学やナイル川クルーズ，モロッコのフェスやマラケシュの旧市街散策，チュニジアのカルタゴ遺跡，タンザニアのキリマンジャロ国立公園やンゴロンゴロ保全地域などは，日本からの見学者に人気の観光地である。1987 年にキリマンジャロ一帯が世界遺産に登録されたため，伐採や放牧が禁止となった。遊牧民であるマサイ族の男性たちがタンザニアに出稼ぎに来て，観光客相手のみやげ売りとホテルのガードマンで生計を立てている。

写真 7-1　左：南アフリカ共和国・ケープタウンの市街地
手前はケープ港，左上がテーブルマウンテン（田中聖子）
右：モロッコの世界遺産『フェス旧市街』（原　眞一）

写真 7-2　左：モロッコのオアシス集落とアトラス山脈，右：アトラス山中のベルベル人（原　眞一）

ここではエジプトと，南部アフリカの内陸国エスワティニ（旧名スワジランド）王国とレソト王国について紹介しよう。いずれもイギリスから独立した国である。

2. エジプト・アラブ共和国

(1) エジプトの概要
①地勢と気候

　面積 100.2 万 km^2，人口 9,937.6 万人（2018）の国である。首都はカイロで人口 724.8 万人（2010）。アフリカ大陸の北東に位置し，北は地中海に臨み，東はイスラエル，紅海，南はスーダン，西はリビアに接している。南北に貫流するナイル川の河谷とデルタ地帯以外は国土の大部分が砂漠である。ナイル川の上流には，アスワンハイダムによりできたナセル湖がある。ナイル河口の東にスエズ運河があり紅海と地中海を結んでいる。

　国土の大部分は砂漠気候（BW）である。北部の地中海沿岸は冬季に少量の降雨があり，温和で過ごしやすいが，南部の内陸は年間数日しか降らず高温乾燥が激しい。4 月〜 5 月には西部の砂漠から暑い砂嵐（ハムシーン）が吹き付け，気温は時に 40℃を超える。首都カイロの 1 月平均気温 14.1℃，7 月 28.0℃，年平均気温 21.7℃，年降水量 34.6mm である。
②文化的特徴

　言語はアラビア語（公用語），英語，フランス語，ヌビア語などが話されている。

　民族はエジプト人（アラブ系）99.6％，ベドウィン人（アラブ系遊牧民），アマジグ人（ベルベル人），ヌビア人からなる。ベルベル人とはサハラ砂漠とその北側で，羊，ヤギ，ラクダなどの遊牧を行う先住民である。

　宗教はイスラーム（スンナ派）が 84.4％，キリスト教 15.1％（コプト教 13.6，プロテスタント，カトリック）である（2000）。

(3) エジプトの世界遺産
　エジプトには文化遺産が 6 件，自然遺産が 1 件，計 7 件が登録されている。メンフィスとその墓地遺跡─ギザからダハシュールまでのピラミッド地帯（1979 年登録），古代都市テーベとその墓地遺跡（1979 年登録），アブ・シンベルからフィラエまでのヌビア遺跡群（1979 年登録），カイロ歴史地区（1979 年登録），アブ・メナ（1979 年），聖カトリーナ修道院地域（2002 年）の 6 件が文化遺産に，ワディ・アル・ヒタン（鯨の谷）が 2005 年に自然遺産として登録された。主なものを紹介しよう。
①カイロ歴史地区

　ナイル右岸にあるエジプトの首都カイロは人口 1,000 万人近い都市で，アラビア世界では最大の都市である。ファーティマ朝（909 〜 1171）の都だったカイロは今も 1,000 ものミナレット（尖塔）が林立し，イスラーム芸術の粋を集めた豪華なモスクや神学校が集中している。このイスラーム地区を中心とした 7 〜 20 世紀の建築 600 か所が世界遺産に登録されている。

　中世から造られてきた代表的イスラーム建築が評価され，一旦「イスラーム都市カイロ」

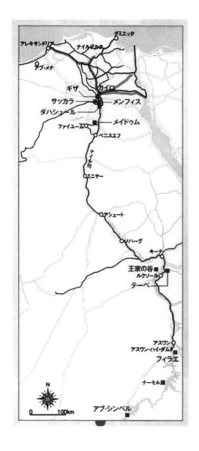

写真 7-3　カイロ，モスクとミレットが林立するイスラーム地区
（フリー写真）

←図 7-1　ナイル川流域
（JTB パブリッシング『世界遺産 一度は行きたい 100 選：アジア・
アフリカ』2009 より）

として遺産に登録されたが，キリスト教会なども含まれているため，2007 年に「カイロ歴史地区」と変更された。イスラーム地区の南西にあるホルド・カイロには新約聖書ではキリストが幼年時代を過ごした地とされ，バビロン要塞があった地には 3 〜 4 世紀に建てられたアル・モアラッカ教会や聖ジョージ教会をはじめキリスト教会が多い。その北にはアフリカ最古のモスク，アムル・イブン・アル・アズ・モスクがある。642 年にアラブ軍の総司令官アムルが，都フスタートを建設したときに礼拝所として建てられた。

　丘の上のシタデル（城塞）は 1183 年，アイユーブ朝（1169 〜 1250）の創始者サラーハ・アル・ディーンが築いた。19 世紀中頃まで王宮としてエジプトの政治の中心となった。城塞内には高さ 80m の尖塔 2 本がそびえる。ムハンマド・アリ・モスクは外壁に半透明の石膏であるアラバスターを使用しているため，アラバスターモスクとよばれる。巨大なドーム内部は金張りでランプやシャンデリア，ステンドグラスも美しい。スルタン・ハッサン・モスクは 1356 年にギザのピラミッドの石を用いて建造したもので，カイロ一高い 82m のミナレット 4 本と中庭の八角形の大噴水が美しく，「イスラーム建築の至宝」と言われる。879 年に建設されたイブン・トゥルン・モスクは現存するカイロ最大のモスクである。高さ 40m のミナレットの外側に付けられた螺旋階段で登ると，最上階からイスラーム地区が一望できる。

　3 本のミナレットがそびえるアル・アズハル・モスクは，972 年建造のファーティマ朝最初のモスクで，付属のマドラサ（イスラーム神学校）は 10 世紀後半のイスラーム最古

写真 7-4　左：ギザの 3 大ピラミッド，右：スフィンクスとカフラー王のピラミッド（フリー写真）

の神学校で，今は大学として世界中から学生が集まっている。

②メンフィスとその墓地遺跡―ギザからダハシュールまでのピラミッド地帯

　メンフィスは紀元前 2700 ～前 2200 年頃に栄えたエジプト古王国の都で，カイロの南ナイル川左岸に位置する。その周辺のサッカラ，ダハシュール，ギザなどには古王国 500 年の歴史を物語る 30 ものピラミッドが造られた。

　ファラオ（王）たちは，魂は永遠に不滅であると信じて，ミイラにして墓に安置するよう命じた。初期王朝の第 2 王朝までは，日干し煉瓦製の四角い台のようなマスタバ墳墓だったが，紀元前 2650 年頃，サッカラに第 3 王朝ジェセル王の墓である階段ピラミッドが建てられた。底部 128 × 140m で高さ 60m，6 段からなり全体が石造りの墓はエジプトでは初めてのもので，これが史上初のピラミッドとされる。

　第 4 王朝スネフル王の屈折ピラミッドは底辺 188m，高さ 105m あり，途中で傾斜角度が 43 度 22 分から 54 度 27 分に変わる独特の形態をしている。同じくスネフェル王の赤いピラミッドは，花崗岩が赤く見えることからこの名がある。

　ギザの 3 大ピラミッド（クフ王，カフラー王，メンカウラー王）中最大であるクフ王のピラミッドはカイロの西南 13km のギザにあり，古王国第 4 王朝，紀元前 2560 年頃の建造とされる。底辺 230m 四方，高さ 137m（当初は 146m）勾配 51 度 50 分，正四角錐で世界最大の石造建造物である。底辺の合計を高さの 2 倍で割ると円周率（3.14）になるという，最も美しく見える黄金比に基づく建造物で，古代エジプト人の幾何学的知識に驚かされる。平均 2.5t もある石材が，230 万個積み上げられたもので 203 段（もとは 210 段）にもなる。北面の盗掘口から南部に入り，狭く急な上り通路を登ると，大回廊を経て王の玄室に入る。

　クフ王のピラミッドの南側には，レバノン杉製の木造船「太陽の船」が博物館に展示されている。王が太陽神ラーと最後の旅に出るための世界最古の船を復元したものだ。

　カフラー王のピラミッドは底辺 215m，高さ 136m（もとは 144m），勾配 53 度 10 分で大きさとしては 2 番目だが，高い台地上に築かれ勾配も急なために一番高く見える。最少なのはメンカウラー王のピラミッドで，底辺 105m 四方，高さ 65m（もとは 66m），勾配 51 度 20 分である。カフラー王のピラミッドの参道入り口に横たわっているのがスフィンクスで，全長 57m，高さ 20m，顔だけでも 5m もある。ライオンの体に頭部はカフラー王に似せた人の顔といわれている。

写真 7-5 移設されたアブ・シンベル神殿 (フリー写真)

　ピラミッドは王墓との説が有力であるが，その建造の目的は農閑期の人びとを動員して生活を保障する公共事業であったという説もある。ピラミッドを建造することで，エジプトの土木建築や測地などの技術は高度に発達した。

③アブ・シンベルからフィラエまでのヌビア遺跡群

　ナイル川上流のヌビア地方にある遺跡群は，古代エジプト新王国およびプトレマイオス朝（前304〜前30）時代のものである。代表的な遺跡は，ナイル河岸の岩山を採掘してつくられたアブ・シンベル神殿で，紀元前1250年頃に新王国第19王朝のラメセス2世によって建造された。

　神殿の内外部にはラメセス2世の像や壁画が多く残されている。最も奥には太陽神ラー・ホルアクティ，国家神アメン・ラー，メンフィスの守護神プタハ，そしてラメセス2世の像があり，一年に2度神殿入口から射す日の出の太陽が，神殿内部と神々の像を照らし出すように設計されている。

　アスワンの南，ナイル川に浮かぶ小島フィラエ島には，プトレマイオス朝時代に建てられたイシス神殿がある。全盛期のローマ皇帝たちはこの神殿を気に入り，トラヤヌス帝がキオスク（柱と屋根だけの小屋）を，ハドリアヌス帝がアーチ状の門を建造した。また，碑文にはテオドシウス1世がキリスト教をローマ帝国の国教としたことが記されている。

　1960年，エジプトのナセル大統領はソ連の援助を受けて，治水と電力供給のためアスワン・ハイ・ダムの建設を開始した。しかし，このダムが完成するとヌビアの遺跡群が水没することが判明した。ユネスコは各国に呼びかけ，1964年から救済事業が開始された。アブ・シンベル神殿は約64m高い場所に移築され，フィラエ島の遺跡は近くのアギルキア島に移築された。この保護活動が基となり，世界遺産創設の運動が始まった。

3. エスワティニ王国

(1) エスワティニの地勢と気候

　2018年4月にスワジランドから国名を変更した。面積は1.7万km²，人口136.7万人（2017）である。首都はムババーネで人口6.5万人（2014），南アフリカ共和国とモザンビー

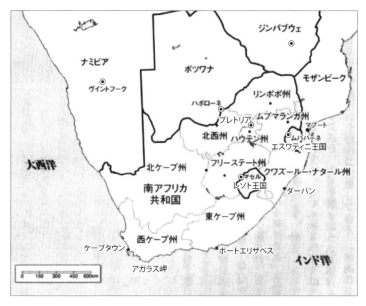

図 7-1　南アフリカ共和国と周辺の国々

クに囲まれた内陸国である。北西部は森林に覆われた高地，西部はサバナ，東部は低地で
草原地帯となっている。

　国土の大部分は温帯気候（Cw）で，2つの季節に分かれる。11月～3月は雨季で，平
均気温は20℃を超え時々雷雨が発生する。5月～9月は乾季となり，好天で穏やかな天気
が続く。ムババーネは1月平均気温20.0℃，7月12.2℃，年降水量857mmである。

(2) 民族・言語・宗教

　民族は，スワティ人82%，ズールー人9.6%，ツォンガ人2.3%，アフリカーナ1.4%となっ
ている（2000）。

　言語は，英語とスワジ語で，ともに公用語となっている。

　宗教は，キリスト教が90%を占め（プロテスタント35%，伝統信仰と混合したキリス
ト教30%，カトリック25%），ほかにはイスラームなどが信仰されている。

(3) 歴史

　19世紀スワジ王国が建国されたが，19世紀末からイギリスの支配が本格化した。1963
年イギリス自治領になる。1968年イギリス連邦内のスワジランド王国として独立した。

(4) エスワティニの経済と課題

　首都はムババーネだが，経済や交通の中心は中部にあるマンジニ，王宮はロバンバと国
家機能は分散している。そのため他のアフリカ諸国に見られる大都市の一極集中とそれに
よる治安悪化は比較的抑えられている。

　国土は東側ほど標高が低く，降水量は少ない。肥沃な土地と温暖な気候に恵まれ，ほぼ
全域に農地が広がり農牧業が経済の中心となっている。西部ではパイナップルやオレンジ

写真 7-6　エスワティニ，ムカヤ自然保護区
（エスワティニ政府観光局 HP より）

などの果物類が，中部と東部ではサトウキビが栽培されている。貧困国のイメージがあるが，一人あたりの GNI はアフリカ 54 か国中 14 位（2017），モロッコとほぼ同水準で，アフリカの中では比較的上位に入る。果物類やサトウキビは近隣の国々やヨーロッパに向けて輸出されている。

　工業は果物と砂糖を使用したジュースやジャムの生産の他，金属加工業も行われている。農業と鉱工業のバランスがとれた多角化された経済である。

　高速道路も整備され，スーパーマーケットの品揃えも南アフリカ共和国と大差ない。その一方で，いたるところに国王の写真があるほど王族の権限が強く，貧富の格差が非常に大きい社会である。南アフリカ共和国との関係を重視し，台湾とも外交関係がある。15 歳から 49 歳までのエイズウイルス感染率は，2015 年の推定で 28.8％と高い数値で深刻な状況となっている。

（5）エスワティニの観光

　特に力を入れているのが観光である。サイが有名なフラネ国立公園のサファリや伝統のスワティダンスが見られるマンテンガ文化村に観光客が多く訪れる。また近隣諸国よりも治安が良いため，明るく素朴な人びとにふれ合えるのもエスワティニの魅力のひとつとなっている。観光客は屋台めしを味わったり屋外のバーで会話を楽しんだりすることができる。

4．レソト王国

（1）レソト王国の地勢と気候

　面積 3.0 万 km^2，人口 226.3 万人（2018）の国である。首都はマセルで人口 26.6 万人（2014）。周囲を南アフリカ共和国と接する内陸国。全土がドラケンスバーグ山中にあり，海抜 1,400m 以上の高地にあり，オレンジ川の源流がある。タバナントレニャナ山（3,482m）はアフリカ南部の最高峰である。

　国全体が温帯気候（Cfa・Cfb）でしのぎやすい。降雨は年による変動が大きいが，年間 700 ～ 800mm ほどの雨量がある。雨は夏（10 月〜 4 月）に集中し，冬は乾燥する。首都マセルの 1 月平均気温 21.0℃（1 月），16.0℃（7 月），年平均気温 15.1℃，年降水量 650mm である。

(2) レソト王国の民族・言語・宗教

　民族は，ソト人が大半を占め（80.3%），次いでズールー人が 14.4% である（2000）。

　言語は，ソト語と英語で，ともに公用語である。

　宗教は，キリスト教が 91.0%（カトリック 37.5%，プロテスタント 17.7%）で，その他に伝統信仰 7.7% が信仰されている（2000）。

(3) 歴史

　1806 年にオランダ領からイギリス領の植民地となった。それまで住んでいたオランダ系白人を中心とする住民（ボーア人）は，英国の統治と奴隷制廃止に反対して内陸部へと移住し，そこで現在のレソトの辺りに住むソト人と衝突する。突然自分たちの土地に侵入してきたボーア人に対し，ソト人はヨーロッパから入手した銃を使って抵抗するが，最終的にボーア人と敵対するイギリスに保護を求めて保護領となった。1871 年イギリスのケープ植民地に含まれると，ソト人の権利を奪われたため，ソト人と植民地政府の間で戦争がおこった。この戦争にボーア人が味方したため，ソト人は植民地からイギリスの保護領に戻り，1966 年レソト王国としてイギリスから独立した。

(4) レソトの経済と課題

　レソトは全土が標高 1,400m 以上にある高原の国で，近年「アフリカのスイス」と呼ばれる美しい景色に注目が集まっている。しかし，山がちな地形のために道路などの交通網は貧弱で，移動には馬やロバが使用される。

　レソトは干ばつで慢性的な食糧不足である。主産業は農業，繊維産業，建設業で，南アフリカ共和国の鉱山への出稼ぎ労働者の収入など南ア共和国への経済的依存度は高い。少ない平地と低温の影響で農業はあまり振るわず，自給用の農作物を生産している。世界に知られているのが，テキスタイルで，GAP，Levis などの商品はほとんどが「メイド・イン・レソト」である。レソト人はとても勤勉で手先が器用なので，今後は日本の精密機械などを中東，ヨーロッパへ輸出する Hub ステーションの役割を担う可能性がある。携帯電話の普及率は高く，簡易ソーラーパネルを使用した充電をよく見かける。近年は冷涼な気候と清い水を使用して，サーモントラウトの養殖に力を入れていて日本にも輸出している。また，水資源や水力発電による電力も，南アフリカに供給する河川開発計画「レソト・ハイランド・ウォーター・プロジェクト」が建設業をはじめとする経済を牽引している。だが，成人の HIV 感染率は約 25% と深刻である。1990 年には 220 万人あった人口が，2006 年には 180 万人と激減した。

(5) レソト王国の世界遺産「マロティードラーケンスベルグ公園」

　自然景観の美しさや絶滅危惧種を含む生物多様性が見られることに加え，紀元前 2000 年から 1920 年代まで 4000 年近くサン人が描き続けてきた岩絵が残されている。サン人とは古くから南アフリカ地域で暮らしていた人びとで，19 世紀初頭にソト人との争いに敗れて別の地へと移っていった。この「マロティードラーケンスベルグ公園」はレソト初の

写真 7-7　左：雪で覆われたバソトコテージ（サニ・トップ：サニは 3,256 mにあるパブの名称）
　　　　　右：セモンコンでのポニートレッキング（ともにレソト王国観光局 HP より）

世界遺産だが，もともとは 2000 年に南アフリカ共和国が複合遺産として登録した「ウクハランバ（ドラーケンスベルグ）公園」を 2013 年にレソト領まで拡大したものである。

(6) サスティナブルツーリズムがさかんなレソト

　南東部の標高約 2,900m のサニパスには，アフリカ最高所のバー（パブ）やアフリスキーというスキー場もあり，南アフリカ共和国から日帰りで訪れる外国人観光客も増えてきている。

　レソトの人びとは先史時代より人と野生動物が共存し，ともに厳しい自然を耐え抜いてきた。そこに文化や伝統が生まれ，歴史が育まれてきた。考古学や古生物学の世界においても恐竜の遺物や先代の人びとの暮らしが描かれた岩絵を通して，歴史家に多くの貴重な情報を提供してくれる。西部のマレアレア村ではホース（ポニー）トレッキングツアーがさかんで，サン人の岩絵見学が観光客に人気である。

【コラム】パスポートを持ったファラオがいた？

　エジプトのアブ・シンベル神殿はアスワン・ハイ・ダム湖に沈んでしまう危機にあった。このことを知ったユネスコは，遺跡群の救済活動に乗り出した。この保護活動が基となり，世界遺産創設の運動が始まった。世界遺産のルーツともいえる遺跡である。この神殿を築いたのが，紀元前 13 世紀頃のファラオ，ラメセス 2 世である。ラメセス 2 世は自分が大好きで，神殿の前に立つ 4 体の巨大な像はすべて自分であり，神殿の中にある 4 体の巨大な像も 3 体は神だけど 1 体は自分だと言った。1881 年にラメセス 2 世のミイラが発見された。彼は強靭な肉体をもち，勇ましいファラオだったと伝えられている。発見されたミイラは 183cm と当時のエジプト人の平均身長よりも 20cm 大きく大男だった。

　現在カイロのエジプト考古学博物館に眠るラメセス 2 世のミイラは，フランスに旅をしたことがある。真菌感染症の予防のためにパリに向かったラメセス 2 世のミイラは，ファラオに敬意を表するエジプト政府からパスポートが発行され，職業欄には「ファラオ」と書かれた。ミイラをモノではなく，人として扱ったのである。フランスに入国するときには，空港で王を迎えるにふさわしい式典が催された。フランスもエジプトも歴史を大切にする国である。パスポートにあるファラオの顔を見てみたいものだ。

8 ヨーロッパの観光地域

図 8-3　ヨーロッパ・北アフリカの概要図（本文・写真の位置）

1. ヨーロッパの概要

(1) ヨーロッパの地形

　ヨーロッパはユーラシア大陸の西に突き出た半島とみることができる。その地形の配列は，南部に急峻な山地が見られ，中部と北部は比較的平坦な平野と古期造山帯の山地が分布する。南部にはヨーロッパの屋根といわれるアルプス山脈を中心として，西方のピレネー山脈，東方のカルパティア山脈，南東に延びるディナルアルプスおよびイタリア半島のアペニン山脈など 2,000m を超える峰々を連ねており，交通の障害になるが，登山・スキーの拠点，観光，保養地になっている。

　ヨーロッパの海岸には，リアス海岸とフィヨルドの典型的な地形が見られる。リアス海岸はスペイン北部のガリシア地方に，フィヨルドはノルウェーやイギリスのスコットランドなどの高緯度地方に分布する。フィヨルドは氷河が流下してできた U 字谷に海水が侵入したもので，湾の両側は高く険しい谷壁が連続する。

(2) ヨーロッパの気候

　大西洋岸から中部に見られる西岸海洋性気候（Cfb・Cfc），南部の地中海沿岸に広がる地中海性気候（Cs），北部および東部の内陸部の冷帯（亜寒帯）湿潤気候（Df）の３つに大きく分かれる。西岸海洋性気候の夏は涼しく冬はさほど寒くならず，年較差が 10℃程度の地域が多い。暖流である北大西洋海流と偏西風のためである。地中海性気候の夏は晴れて乾燥し，冬に降雨が集中する。冷帯湿潤気候の冬は寒いが，10℃以上になる温和な夏をもち，年中平均して降雨が見られる。冬にはバルト海北部やボスニア湾も凍結し多くの港が機能しない。北極圏の夏には，夜がなくなる白夜が見られる。

(3) ヨーロッパにおける観光地域の発達

　紀元前の古代エジプトや古代ギリシャ・ローマなどでは神殿を巡る旅がさかんであった。デルフィのアポロ神殿は多くの参詣客を集め，デロス島やエーゲ海の島々は保養の場として利用された。ローマ帝国の拡大に伴って道路が整備され，２世紀後半には貴族・貿易商人など上流階級のギリシャへの旅が一般化し，エジプトのピラミッド見物も行われた。ローマ帝国が崩壊して旅は衰退したが，11 世紀〜 13 世紀後半にかけての十字軍遠征で旅が復活し，聖地エルサレムやサンチャゴデコンポステラへの巡礼が興り，信者がヨーロッパ各地から辺境の地に集まった。

　14 世紀〜 16 世紀には，イタリアで興ったルネサンスの影響を受けて，教育的私的旅行がイギリスで始まった。貴族や富豪の子弟がイタリアやフランスをはじめヨーロッパ各地を巡る「グランドツアー（教養旅行）」が 18 世紀後半まで続いた。また，17 世紀にはイギリスで療養温泉地が増加し，王室もこれを保護したがやがて娯楽の場へと変化した。

　19 世紀には産業革命を経て鉄道が発達し，海岸リゾートの発展に伴って温泉地は衰退した。1841 年トーマス・クックが鉄道利用の団体ツアーを始め，アメリカへのツアーも企

画して旅行業の先駆をなした。この時期，ドイツでは温泉地が療養・保養地として発展し，バーデン・バーデンでは豪華なクアハウス・飲泉場・劇場・カジノなどが整い，各国の王侯・貴族が集まってヨーロッパの夏の首都といわれるほどであった。フランスでは冬は暖かい地中海岸のニースに貴族・富豪が別荘ですごし，夏はアルプスへ移動した。20世紀に入るとスイスをはじめ庶民の旅行を支援するソーシャルツーリズムが促進された。

　第2次世界大戦後はモータリゼーションが発達し経済的に豊かな中部・北部ヨーロッパから南部ヨーロッパへの広域観光がさかんになった。スペインでは漁村が海岸リゾートへ変容する地域が急増した。

2. イギリス（グレートブリテンおよび北アイルランド連合王国）

(1) イギリスの地勢と気候

　面積24.2万km^2，人口6,657.4万人（2018）。ヨーロッパ大陸の北西に浮かぶグレートブリテン島とアイルランド島の北部からなり，イングランド，ウェールズ，スコットランド，北アイルランドの4地方に分けられる。首都はロンドンで人口878.7万人（2016）。地形は，グレートブリテン島の北部にグランピアン山脈，中部にペニン山脈，西部にカンブリア山脈などの古期造山帯の低い山脈が走るが，その他は平坦な土地が多い。最高峰はスコットランドにあるベンネヴィス山（1,344m）。北大西洋と北海に面し，ドーヴァー海峡を隔ててフランスと対峙している。

　北大西洋海流の影響で，高緯度の割には温和な気候であり，全土が西岸海洋性気候（Cfb）である。冬季の気温は東海岸に比べ西海岸の方が高く，夏季は逆になる。降雨は季節による変動が少ない。ロンドンは1月平均気温5.8℃，7月18.7℃，年平均気温11.8℃で，年降水量は640mmと少ない。

(2) イギリスの世界遺産

　文化遺産26件，自然遺産4件，複合遺産1件合計31件登録されているが，2012年にリヴァプール海商都市（2004年登録）が大規模なウォーターフロントの都市開発計画のため，危機遺産に記載されている。

(3) イギリス観光の見どころ

①ローマ帝国の国境線（1987年世界遺産に登録）

　紀元前55年ユリウス・カエサルがドーヴァー海峡を越え，さらに紀元後43年ローマ皇帝クラウディウスが現在のイングランド全域を征服した。121年ブリテン島にやってきたローマ帝国五賢帝のひとりハドリアヌス帝（在位117～138）が，今のイングランドとスコットランドの境界あたりに島を東西に横断する城壁を築いた。これが「ハドリアヌスの長城（ハドリアン・ウォール）」である。この城壁は東はタイン川の河口から西はソールウェイ湾までの130kmに達する。城壁に沿って1マイルごとのタワーと10マイルごとの駐屯地を設けた。代表的な軍団基地はハドリアンウォール・ハウスステッドで見学ができる。

写真8-1　左：ハドリアンウォール・ハウステッド，右：エディンバラ城

写真8-2　大英博物館の展示，左：ロゼッタ・ストーン，右：ミイラ

また，エディンバラ西方には，142年ローマ軍のスコットランド侵略の遺跡となったアントニアンウォールもある。

②エディンバラの旧市街と新市街（1995年登録）

　スコットランドの首都エディンバラは，氷河期だった頃に深い谷だったプリンスィズ通りを境に北側の18世紀の新市街と，南側の16～17世紀の旧市街に分かれている。旧市街の西端，高さ130mの岩山に街を圧するように建つ堅固な城砦がエディンバラ城である。敷地内には12世紀建造のセント・マーガレット礼拝堂や大砲モンス・メグがある。エディンバラ城と，エリザベス女王が滞在中は居城となるホリルード宮殿を結ぶ1.6kmのロイヤル・マイルは，石畳が敷かれた旧市街のメインストリートで，両側に石造りの家が並んでいる。新市街のプリンスィズ通り東端の小高い丘カールトンヒルからは，新旧市街の大パノラマが広がる。

③海商都市リヴァプール（2004年登録）

　大英帝国絶頂期の海洋交易の拠点の姿を伝えるものとして登録された。市の中心部にある6つの個別物件をまとめて登録したもので，リヴァプールの海港史を伝える重要なものばかりである。しかし，2012年7月26日，再開発計画を理由に危機遺産リストに加えられた。ビートルズの故郷で，港にあるビートルズ・ストーリー（博物館）も見学しよう。

④大英博物館

　ロンドンにあり，エジプト，ギリシャ・ローマ時代の考古資料が展示してあるところが人気である。ミイラやナポレオンがエジプトから持ち帰ったロゼッタ・ストーンも展示さ

写真 8-3　左：湖水地方の牧場，右：ストラトフォード・アポン・エイボンのシェークスピア生家

写真 8-4　世界遺産「バス（バース）の市街地」に
あるローマンバス（薬師寺浩之）

→ 図 8-2　イギリスの概略図
（野外歴史地理学研究会，2000 より）

れている。全館見学するには一週間は必要で，日本語の館内ガイドブックがよく売れているという。

⑤湖水地方（2017 年登録）

カンブリア山地に挟まれた地域で，16 の氷河起源の湖が存在し，イングランド最大の避暑地でもある。1951 年にナショナル・パークに指定された。グラスミアには詩人ワーズワースのコテージ，ニア・ソーリーには『ピーターラビット』の作家ビアトリクス・ポターが半生を過ごしたファームハウスがある。

⑥その他

スコットランドのシングルモルトウイスキーの蒸留所見学や，ロンドンのベーカー街 221 番地の見学，シェイクスピア生家のあるストラトフォード・アポン・エイボン，世界遺産のバス（バース）にあるローマンバスの見学などがおすすめである。

3. スイス

(1) スイス連邦の地勢と気候

　面積:4.1万km^2，人口854.4万人(2018)である。首都ベルンの人口は13.1万人(2016)。アルプス山脈中に位置し，ドイツ，フランス，イタリア，オーストリア，リヒテンシュタインに囲まれた内陸国。モンテローザ，マッターホルン，ユングフラウ，アイガーなどの4,000m級の高山が連なる。

　平地は西岸海洋性気候（Cfb），アルプス山中は高山気候（H）と地形や高度によって変化に富んだ気候が見られる。春季に強くなるアルプス越えの乾燥した暖かい南風は，フェーン現象の語源となった。南側では大雨が降り，北側では高温乾燥の風が牧草地帯や耕地の雪を溶かす。降水量は北部の平地で約1,000mm，南部の山麓では約2,000mmとヨーロッパの中では多雨である。

(2) 民族と言語

　ドイツ系（65%），フランス系（18%），イタリア系（10%），ロマンシュ系（1%）で，それぞれがドイツ語，フランス語，イタリア語，ロマンシュ語を使用している。この4つの言語は公用語となっている。北部・中部でなまりの強いドイツ語，西部でフランス語，南部でイタリア語，南東部の一部でロマンシュ語という言語圏を形成している。

(3) 宗教

　キリスト教が79.3%（カトリック41.8%，プロテスタント35.3%，正教1.0%）と多く，他にイスラーム4.3%，ユダヤ教0.2%が信仰されている（2000）。

(4) 小さな巨人

　ヨーロッパの内陸国スイスは，面積は九州よりやや小さく，人口も1,000万人に満たない小国であるが，急峻な岸壁や尖峰，氷河のあるアルプスの山々を擁し，世界中から観光客が訪れる。山が多く狭い国土で，資源に乏しいが，ものづくりに優れているという点では日本とよく似ている。国際競争に勝てる技術力を持ち，輸出では医薬品27%，機械類17%，精密機械14%の順に多く，精密機械の7割は時計である。また，1人当たりのGNI（国民総所得）は日本の約2倍の約8.1万ドル（2017）と高い水準である。

(5) 観光立国スイス

　文化遺産4件，自然遺産3件が世界遺産に登録されている。スイスでは毎年自国の人口より多い観光客がやってくる。アルプス一帯の観光地は一年中賑わっている。中部のベルナーオーバーラントにあるインターラーケン，南部のツェルマットには世界中から人びとが集まってくる。氷河特急などの列車の旅も楽しめる。スイスの放牧地は，政府が所有者に援助金を出し牧草を美しく管理させている。すべて国の政策によるもので，これが観光

立国スイスの国家戦略なのである。

(6) スイスの見どころ

①ツェルマット

　ツェルマットはマッターホルンの麓，標高 1,631m の山中にあり，人口約 5,400 人の小さな村であるが，周囲にはアルプス第 2 の高峰モンテローザ（4,634m）をはじめ，4,000mを超える峰が 30 近くも集中している。スイスでも 1,2 を競う人気の山岳リゾートである。18 世紀初めまではイタリアとの通商路の宿駅の一つとして利用され，わずかな住民が自給自足の生活をしていた。村人たちは谷の奥にそびえるマッターホルンを「魔の山」と恐れ，登るものはいなかった。やがて，18 世紀半ばに芽生えたアルピニズムが広がると，マッターホルンをめざして登山家たちが訪れるようになった。そして 1865 年，イギリス人エドワード・ウィンパーが 8 度目の挑戦でマッターホルン初登頂に成功すると，ツェルマットの名は一躍ヨーロッパ中に知れわたり，以後山岳リゾートとして発展することとなった。その歴史は村の中央にあるマッターホルン山岳博物館で知ることができる。

　ツェルマットでは恵まれた自然を壊さないように細かな配慮がなされている。村内では空気汚染の原因となる排気ガスを出すガソリン車などを規制している。馬車と電気自動車，ソーラーバスが主な交通機関である。

　ここには夏はハイキング，登山，冬はスキー，スノーボードなど多彩なアクティビティを求めて，世界中から多くの人びとが訪れ常連客も多い。

　　写真 8-5　上左：ゴルナーグラート鉄道のカードチケット
　　　　　　　上右：アルプス第 2 の高峰モンテローザと氷河（左：ゴルナー氷河，右：グレンツ氷河）
　　　　　　　下右：終点のゴルナーグラート駅（3,200m）

写真 8-6　ツェルマット，左：駅前とミニバス，右：ホテル群，ベランダの花が統一されている

②首都ベルン

　スイスのほぼ中央に位置するベルンは人口約 13 万人で，1848 年に首都となった政治の中心地である。アーレ川がつくった半島状の地形を利用して 1154 年に城が築かれた。本格的な町づくりは 1191 年から，ツェーリンゲン公ベルヒトルト 5 世によって始まった。現在の熊公園辺りが町の始まりで，1218 年に時計塔まで，1256 年には牢獄塔，1344 年に現在の中央駅の辺りまでと，時代を追って町は拡張された。しかし，1405 年の大火事で大部分が焼失し，その後は砂岩を使った石造りの建物で再建され，現在も当時の姿を残している。今日この規模で中世のたたずまいがみられるのはヨーロッパでも珍しく，「ベルン旧市街」として世界文化遺産に登録されている。

③チューリヒ

　チューリヒはスイス最大の都市で，人口は約 40 万人（2016）である。商工業・金融業のほか，文化，芸術の中心であり，スイスの空の玄関，チューリヒ・クローテン国際空港がある。チューリヒ湖畔に広がる中世から続く歴史都市で，16 世紀前半フリードリヒ・ツヴィングリによる宗教改革が始まったのもこの町である。紀元前 500 年ごろからケルト人が住んでいたこの地方が，ローマ帝国の支配下に入ったのは紀元前 1 世紀で，それから約 400 年間ローマの支配下にあった。チューリヒの誕生はこのローマ時代に遡る。氷河が運んできたモレーン（堆石）の丘の上に，リマト川を往き来する船から税を徴収するための

写真 8-7　左：ベルン，アーレ川と世界遺産の中世の家並み（フリー写真）
右：チューリヒ駅，16 の路線が集中するスイスの玄関

関所ツークリムが，紀元前15年に設けられたのが始まりといわれている。チューリヒの名もこのツークリムに由来している。都市として発展するのは，9世紀に東フランク王国の領域になってからである。国王の手でフラウミュンスター修道院やグロスミュンスターが建てられ，城が築かれて，商工業が興った。13世紀には城壁も完成し，騎士や大商人による自治が行われる典型的な中世都市となる。1336年には職人たちがツンフト（組合）を結成して市政に参加するようになり，1351年にはスイス連邦に加盟した。

チューリヒは新しい思想も積極的に取り入れていく町でもある。16世紀にドイツで宗教改革がおこるといち早く反応し，ツヴィングリが改革運動を指導した。チューリヒはスイスにおける宗教改革の拠点となる。18世紀には教育者ペスタロッチが「貧しいものにも教育を」と唱え，教育改革に乗りだした。20世紀初頭には，アインシュタインやレーニンが住み，ダダイズムとよばれる前衛芸術運動の中心地ともなった。リベラルな思想をどんどん吸収していく柔軟さが，チューリヒにはある。

④ジュネーヴ

ジュネーヴはスイスの西端，レマン湖の湖尻のフランス国境に接する町で，人口は約20万人（2016）である。この町ではフランス語が公用語で，国際都市として著名である。国連ヨーロッパ本部や国際赤十字委員会，世界保健機構（WHO）をはじめとする国際機関が集結し，世界各国からの要人や観光客が集まってくる。また，労働力不足を補うために，地中海沿岸諸国からの出稼ぎ労働者が多い町でもある。

ジュネーヴの歴史は古く，カエサルの遠征記「ガリア戦記」の中にゲナウァという名が出てくる。中世には司教が治める町であったが，16世紀になると市民が事実上の自治権を持つようになった。16世紀のカルヴァンの宗教改革以来，旧体制に反逆する人たちの避難場所的存在であった。革新的思想に対して寛大であったこの町から，啓蒙思想家であるジャン・ジャック・ルソーが生まれた。さらに，ヴォルテールが，バイロンが，そしてレーニンが安らぎの場所を求めてやってきた。19世紀後半にはイギリス貴族たちの保養地となり，彼らは従者を従え，大きな荷物を持ってまずジュネーヴにやってきた。最近では，ジュネーヴのホテルに宿泊すると「ジュネーヴ・トランスポート・カード」が付いている。このカードを使うと無料でトラムやバスなどの公共交通機関を利用することができ，観光地での特典も付いている。

写真8-8　左：ジュネーヴのレマン湖，右：宗教改革記念碑

写真 8-9　バーゼルの三国の国境標
（手前・スイス，左・フランス，右・ドイツ）

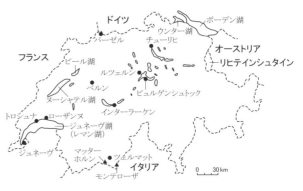

図 8-3　スイス概要図

⑤その他

　三国国境に位置するバーゼル，「ラ・ペジーブル」というオードリー・ヘプバーンの住まいがあるトロシュナなど，多数の見どころがある。

4. フランス

(1) フランスの概要

①地勢・気候

　面積 64.1 万 km^2（海外県含む），人口 6,735.1 万人（2019）である。首都パリの人口は 224.3 万人（2010）。ヨーロッパ大陸の西部を占め，大西洋と地中海に挟まれているフランス本土と海外県のフランス領ギアナ，グアドループ，マルティニーク，レユニオン，マヨット島などから構成される。本土の北部や西部は平地で土壌は肥沃に富んでいる。イタリア，スイスとの国境地帯にはアルプス山脈とジュラ山脈，スペインとの国境にはピレネー山脈があり，北東を除き山と海に囲まれている。最高峰はモンブラン（4,810m）。セーヌ川はイギリス海峡へ，ロアール川，ガロンヌ川は大西洋に，ローヌ川は地中海にそれぞれ注いでいる。

　北大西洋海流が冬の寒さをやわらげ，国土の大部分が西岸海洋性気候（Cfb）である。ブルターニュ半島やビスケー湾沿岸の冬は温和で，夏は比較的涼しく温度が高い。四季を通じて降水量は多い。パリを含めた東部と内陸部は大陸性の気候で，冬は寒さが厳しく夏は暑く，降水量は多くない。地中海沿岸は地中海性気候（Cs）で，夏は高温で乾燥が強く，冬は降雨もあり温暖である。首都パリの 1 月平均気温 4.1℃，7 月 19.3℃，年平均気温 11.1℃，年降水量 653mm である。

②民族・言語・宗教

　民族は，フランス人（ケルト，ゲルマン系，古代ローマなどの混成），少数民族（ブリトン，バスク，コルシカなど），および移民（南ヨーロッパ系，マグレブ系，トルコ系など）からなる。

　言語は，公用語であるフランス語の他に，プロヴァンス語，ブリトン語，アルザス語，コルス語，バスク語などが使用されている。

宗教は，カトリック 64 ％，プロテスタント 3 ％，イスラーム 8 ％，仏教 1.2 ％，ユダヤ教 0.9 ％（2010）となっている。

(2) フランスの観光事情

①農業国・観光国フランス―フランスの良さは農村にある

　西ヨーロッパ最大の農業国であるフランスは，主要食料のほとんどを自給自足できるうえ，穀物，ワイン，牛乳などを EU 諸国に輸出している。化学，機械，食品，繊維工業がさかんで，宇宙・航空機産業も発達している。原子力発電の占める比重は大きい。歴史と芸術の都パリをはじめとした有名な観光地を持ち，観光収入は大きい。現在フランスには文化遺産が 39，自然遺産が 5，複合遺産が 1，合計 45 件の世界遺産が登録されている。

　フランスは変化に富む自然に恵まれている。アルプス地方とピレネー地方は標高の高い山岳地帯，平野部には各地に広大な森林があるので山登りをしなくても森林浴が楽しめる。海が好きなら南に地中海，北に大西洋がある。南フランスの海岸には，フラミンゴなどの野生生物が生息し，米の生産が可能な湿原もある。丘陵地帯に広がる牧場，穀物畑，ひまわり畑，菜の花畑，干し草ロールが転がる畑，四季を通じて風情があるブドウ畑など，農業国ならではの美しい風景が広がっている。

　フランスは地方の個性が強い。地方の文化が今でも残っている。都市文化の国イタリアと異なり，農村文化の国フランスは農村に歴史的建造物が多く残っている。地方の郷土料理も豊富で，食べ物が美味しいこともフランスを旅する喜びのひとつである。

②フランスのグリーン・ツーリズムの特徴

　フランスでは農家に限らず，農村地域の住民が行っているツーリズムをグリーン・ツーリズムという意味の「ツーリスム・ヴェール」ということばが使われている。同じ意味で「ツーリスム・リュラル」（農村ツーリズム）ということもある。ここでいう農村とは有名な観光地やリゾート地，海浜部や山岳部のリゾート地は除かれるため，田園地域がグリーン・ツーリズムの中心舞台となっている。そして外部資本が入っているレジャーランド，画一的な部屋ばかりのチェーン・ホテルなども，グリーン・ツーリズムの活動とは呼ばれない。つまりフランスでは地元の人たちが開発している，地方色のある，手作りのツーリズムをグリーン・ツーリズムと呼んでいる。

　第 2 次世界大戦で荒廃した農村に小さなホテルの復興が図られた。農村の家族経営ホテルは「ロジ・ド・フランス」という非営利協会のネットワークを形成した。さらに農村民宿のネットワーク「ジット・ド・フランス」が創設され，今日では世界最大の民宿ネットワークにまで発展した。そして約 2 万軒の農家がツーリズム活動を副業にしている。

　また，フランスの子供たちは学校教育の授業や，林間学校のレクリエーションとして農家を訪問して，勉強したり体験したりしている。これは「フェルム・ペダゴシック（教育ファーム）」として定着している。

　観光国フランスは田舎に至るまで，ツーリストが旅を楽しむことができるように配慮が行き届いている。観光周遊ルートも整備されており，宿泊施設の種類も多く，大小さまざまなイベントも行っている。とりわけその土地の人びととの出会いは，感動的な思い出と

写真8-10　左：ブルゴーニュのブドウ畑と農家（Arielle Le Bail）
右：朝市に並ぶチーズ（Claire Lannic）

して長く記憶に残るであろう。ワイン農家やチーズ農家を巡りながら，フランスの田舎巡りを楽しもう。

③チーズ農家めぐり

　フランスには500種ほどのチーズがいたるところで製造されている。フランス人の一人当たりのチーズ年間消費量は259kg（2014）で，世界第1位を誇っている。またフランス人の92％がチーズ，バター，クリームなどの乳製品を食べている。伝統的な酪農製品や農産品などの食品を保護，保証する認証マークがある。さらに2009年5月からEU基準の認証の原産地保護呼称制度A.O.P.のラベルを貼ることが義務付けられた。2016年においてフランスチーズのA.O.P.認証を得ているものは45種あり，生産地域はノルマンディ，ティエラシュ・ブリ，ヴァル・ドゥ・ロワール，ポワトゥ・シャラント，アルザス・ロレーヌ，アキテーヌ，オーヴェルニュ，シャンパーニュ，ローヌ・アルプ，サヴォワ，ミディ・ピレネーの11の地方があげられる。

　ここではフランスの最も偉大なチーズ産地であり，「カマンベールを食べる民族」という国際的なニックネームを産んだ，フランスチーズの花形の誕生地であるノルマンディ地方について述べる。英仏海峡の影響を受けた湿潤な気候により，ノルマンディ地方は植物が青々と茂る土地であり，豊かな牧草で育つ乳牛は高品質のミルクを産する。そのため牛乳，バター，生クリーム，チーズなどの乳製品の名産地として君臨している。ブドウの栽培には不適なため，リンゴが多く栽培されている。

　チーズの生産は主にブレイ地域とオージュ地域で行われている。ブレイ地域はヌーシャテルの故郷で，クリーミーでソフトタイプのチーズが主流であり，オージュ地域はカマンベールやリヴァロの誕生地であり，白カビタイプやウォッシュタイプの生産がさかんである。起伏の少ない地形で，農家と酪農工場間の運送に負担がかからないため，特に生地の軟らかいソフトタイプのチーズが発展した。ここではとろけるようなチーズに特産のカルヴァドス（シードルのブランデー）を1杯，至福の味を堪能できる。

　最近日本からフランスへ研修するケースが見受けられるようになってきた。食の安全・安心を学ぶ目的で，教育現場に取り入れている例を紹介する。学生たちが，ノルマンディ地方の農業学校での講義を受講し，現地の学生たちとの合同実習を行い，広大な敷地内の

牛の飼育やリンゴの栽培を見学する。さらにヌーシャテルのチーズ製法やシードルとカルヴァドスの製造方法を学ぶ。次にカマンベールチーズ博物館で学芸員から A.O.P. についての説明を受け、代表的な3種類のチーズを試食し、それぞれの特徴や食品の品質・ブランド力向上を目指すための努力などを学ぶ研修である。チーズの本場での価値ある研修であり、教育ファームの一例だといえよう。

④フランスの温泉

エクス・レ・バンは、フランス東部のスイス国境近くに位置する高級温泉保養地である。氷河に削られてできたブールジェ湖を臨む丘陵地にあり、夏はヨットやクルージングなどのスポーツやルバール山でのトレッキング、ロック・クライミングなどを楽しむ人びとで賑わう。また冬はフランス最大のスキー場としても有名なところである。

この温泉の歴史は、ナポレオンが戦傷を癒したことにはじまる。19世紀にはイギリスのヴィクトリア女王、ナポレオン3世、著名人たちが湯治に訪れている。町の中央にある国立の温泉病院を中心に多くの温泉治療施設が集まっており、医療目的の温泉施設が多いことで知られている。中でも代表的なのが呼吸器疾患に効果がある温泉吸入治療で、世界的にも有名なのがエクス・マルリオーズ温泉治療施設である。敷地内には医療施設だけでなく二つのホテルと温泉プールやサウナ、スチームバスなどを備えた美容専門の施設が併設されている。国立温泉の敷地内には、フランス最古の浴場跡が残っている。洞窟内に造られた浴場やタイルでできた浴槽などを見学するツアーも用意されている。

エクス・レ・バンは、町をあげて病気の治療や研究に尽力しており、専門家による国際会議の開催や、リューマチの専門誌を発行している。また、施設利用者を対象に運動療法や食事療法のワークショップを行うなど、PR活動にも力を入れた結果、湯治客が年々増加し人気の温泉地となっている。

その他、アルプス氷河を源泉とするミネラルウォーター「エヴィアン」で有名な町、エヴィアンは正面にレマン湖、背後にはアルプス山脈が連なる温泉リゾート地である。この温泉の歴史はローマ時代にさかのぼるが、温泉地として開発されたのは19世紀半ばで、水だけでなく食べ物が美味しいことから保養地として発展した。

写真8-11　ストラスブール運河と中世の木組の家

図8-4　17世紀のパリの港
（東出加奈子『海港パリの近代史』より）

⑤ヨーロッパ一の観光都市，パリ

　パリ発祥の地はセーヌ川の川中島シテ島である。最初に住み始めたパリシー人に因んで「パリ」と名付けられた。シテ島の西端の一画は，ローマ時代には総督の官舎や役所があった。中世に入ってからはパリ最初の王宮が設けられた。その後さまざまの時代に増改築されて，今ではステンドグラスが美しいサント・シャペルやコンシェルジュリーという大革命の時には政治犯がここへ送り込まれた牢獄だった建物がある。

　歴史遺産の宝庫であるパリの中でも，特に貴重な初期ゴシック建築の傑作がノートルダム大聖堂である。聖母マリアにささげられたもので，1163年に着工し170年以上の年月をかけて14世紀初めに完成した。フランス革命時には彫刻が破壊され，聖堂は閉鎖された。その後ナポレオンが戴冠式を行い，ユゴーの小説『ノートルダム・ド・パリ』が大ヒットしたため，復興の声が高まり大修復され，大聖堂は1864年に完成した。しかし，2019年火災で一部が焼失し，復興中である。

　最も有名なルーブル美術館はもともと城塞だった。半地階で当時の要塞の遺構を見ることができる。凱旋門やコンコルド広場，パレ・ロワイヤル，エッフェル塔，ナポレオンの墓があるアンヴァリッド，ポンピドゥー・センターなど中世から近代に至る歴史的建物も集まっている。また，ヴェルサイユ宮殿やモン・サン・ミッシェル，ロワール古城巡り，シャンパーニュ地方への1日観光バスツアーも充実している。

写真 8-12　ルーブル美術館の展示，左からサモトラケのニケ，ミロのヴィーナス，モナリザ

写真 8-13　左：凱旋門，右：エッフェル塔（北田晃司）

5. イタリア

(1) イタリアの地勢と気候

　面積 30.2 万 km²，人口 6,055.0 万人（2019）を擁する国である。首都ローマの人口は286.7 万人（2014）。アルプス山脈から地中海に伸びる長靴型のイタリア半島と，地中海のシチリア島，サルデーニャ島，エルバ島など約 70 におよぶ大小の島々からなる。火山帯にまたがり，エトナ（3,330m）などの活火山がある。半島中央部をアペニン山脈が縦走する。

　気候は温帯に属する。南部は典型的な地中海性気候（Cs）で，夏季は乾燥，冬季は温暖で雨も多い。北部はポー川流域を中心として，夏季に降雨もあり，地中海性気候の影響は弱まる（Cfa・Cfb）。アルプス山脈が北方からの寒波を防ぐため冬季も温暖である。ローマの 1 月平均気温 8.4℃，7 月 23.9℃，年平均気温 15.6℃，年降水量は 707mm である。

(2) イタリアの見どころ
①世界遺産

　文化遺産 50 件，自然遺産 5 件，合計 55 件が登録されている。様々に異なる歴史，文化に育まれ個性あふれるイタリアの都市は，町ごとに異なる顔を持っている。これら魅力的な都市を訪問しよう。バロックの町ローマ（ラツィオ州），ルネサンス都市フィレンツェ（トスカーナ州），芸術とファッションの都ミラノ（ロンバルディア州），水の都ヴェネツィア（ヴェネト州），永遠の劇場ナポリ（カンパニア州），これら 5 つの都市はイタリアを代表する観光地となっている。

②世界最小の国バチカン市国（1984 年登録）

　バチカンは 1980 年にローマ歴史地区とともに文化遺産に登録されている。バチカン市国はイタリアの首都ローマ市内にあるバチカン丘の上，テヴェレ川の右岸にある世界最小の独立国である。面積は 0.44km²，日本の皇居の 3 分の 1 強，東京の上野公園よりひと回り小さい国である。ローマ教皇を国家元首とする人口約 800 人の国である。

　1929 年にムッソリーニとローマ教皇庁の間で結ばれたラテラーノ条約により誕生した。

写真 8-14　左：ローマのフォロロマーノ，右：バチカンのサンピエトロ広場

最小の国だけれども世界中のカトリック教会の頂点に立ち，キリスト教徒にとって最も神聖な場所となっている。また，国全体が世界遺産に登録されている唯一の場所である。

　もとはローマで殉教したシモン・ペテロの墓があると伝えられ，4世紀にバシリカ式の教会堂が創建された。その後1,000年以上たって老朽化が進んだため，16世紀初頭からブラマンテやミケランジェロなどのルネサンスの芸術家たちによって大改修が行われた。現在のサン・ピエトロ大聖堂は完成まで120年を要した。

　そのほかにローマ教皇が暮らすバチカン宮殿，バチカン美術館，さらにバチカン所有の教会や施設がある。

③フィレンツェ歴史地区（1982年登録，2015年範囲変更）

　14～16世紀にかけ，ヨーロッパでは古代ギリシャ・ローマ文化を模範とする人間中心の世界観（人文主義）に基づく新しい芸術・思想が広まった。この動きをルネサンスという。ルネサンスの中心地がイタリア中部の都市フィレンツェである。当時のフィレンツェは強大な財力と政治力を持つメディチ家の支配のもとで発展した。

　旧市街の歴史地区にはウッフィッツィ美術館やピッティ美術館などルネサンス時代の絵画，彫刻を集めた美術館が集中している。『イタリア紀行』を著したゲーテに限らず，ヨーロッパの人びとにとってもフィレンツェは，今も憧れの街である。

　ドゥオモは「花の都」フィレンツェのシンボルで，正式には「花の聖母大聖堂」という。緑，ピンク，白の大理石を用いて，13世紀末から140年もかけて建てられた。ドゥオモの横にあるジョットの鐘楼は高さ82mの四角い塔で，最上階のテラスへ登ると町が一望できる。

　ウッフィッツィ美術館は，メディチ家の収集品を元につくられた世界有数の美術館で，部屋ごとにダ・ヴィンチ，ミケランジェロ，ラファエロ，ボッティチェッリなどのルネサンス絵画を観ることができる。フィレンツェは1865年から5年間イタリア王国の首都であった。王宮であったピッティ宮殿，宮殿の裏に広がるイタリア式庭園のボボリ庭園など見どころは多い。

写真8-15　フィレンツェ市内
左：サンタ・マリア・デル・フィオーレ大聖堂，中：同大聖堂横の通りの賑わい
右：ヴェッキオ宮殿（市庁舎）前のダビデ像（レプリカ）（ともに薬師寺浩之）

④ヴェネツィアとその潟（1987年登録）

　潟（ラグーナ）の上に築かれた都市ヴェネツィアは，泥土に杭を打ち込み，イストリア石という耐水性に優れた石灰質の石を積んだ上に都市の基盤がつくられている。こうして

できた118の島は，400以上の橋で結ばれている。しかし，現在地下水や天然ガスの採取の影響で街が海に沈み始めており，ユネスコなどが救済活動を展開している。また，観光公害に対して市では，2019年7月から市に上陸するすべての人に「訪問税」を課している。

823年ヴェネツィアの商人がエジプトのアレクサンドリアから聖マルコの遺体を持ち帰った。これ以降サン・マルコ大聖堂がつくられ，ヴェネツィアは聖マルコの守護聖人として発展する。1104年ヴェネツィアに国営造船所（アルセナーレ）が設立された。現在その跡は海洋史博物館となっている。12世紀以降は領土や商業圏を拡大し，15世紀初めにはアドリア海沿岸からギリシャ，キプロス，地中海東岸に拡大した。東方貿易の一大交易拠点として経済的に発展したことから「アドリア海の女王」と呼ばれた。東方貿易では地中海東岸地方からヴェネツィアなどの北イタリア諸都市を経由して，香辛料や織物などがヨーロッパにもたらされた。この貿易により，最盛期には地中海世界の強国となったが，16世紀以降地中海商業の衰退とともに国力が衰え，1797年にナポレオン1世による侵略を受け独立を失った。

現在のサン・マルコ大聖堂は11世紀にビザンツ様式に改築されたものである。大聖堂前のサン・マルコ広場は，世界で最も美しいと称されている。9世紀に城塞として建造され，14世紀に総督の邸宅へと改築されたドゥカーレ宮殿内には世界最大級の油絵であるティントレットの「天国」やティツィアーノの作品など多くの絵画が飾られている。

⑤アルベロベッロのトゥルッリ（1996年登録）

アルベロベッロのトゥルッリは，イタリア南部プーリア州だけに見られる白い円筒形の円形住宅である。16〜17世紀にかけて開拓農民用の住居としてつくられた。円錐状の石屋根に部屋は一つのみで，この一部屋分をトゥルッロという（複数形がトゥルッリ）。トゥルッリはキアンカレッレという石灰岩の平たい石を，釘やつなぎを一切使わずに何層も同心円状に積み上げた住居である。白壁には花鉢がつるされ，黒い屋根とのコントラストが美しい。円錐状の屋根には太陽や十字架，ハート，鳥，魚などのマークが描かれている。

この地方は乾燥し土地もやせていて，オリーブくらいしか育たなかった。当時は屋根に課税されたので，貧しい農民たちは身近にあった石灰岩を積んで屋根にした小屋をつくり，取立人が来ると屋根を壊して税を逃れたという。急傾斜の屋根で，雨水を効率よく集め，夏はヒンヤリしていて冬は暖かい。

写真8-16　左：ヴェネツィアの大運河・水上バス，右：アルベロベッロのトゥルッリ（ともにフリー写真）

トゥルッリのサン・アントニオ教会は 20 世紀初めのもので，1945 年以降は新しいトゥルッリは建てられていない。石積みの技術が失われつつあるなど保存には課題も残る。

⑥ナポリ歴史地区（1995 年登録）

　ナポリは紺碧のナポリ湾とヴェスヴィオ火山（1,281m）を望む丘陵の上に広がる港町である。「ナポリを見て死ね」という言葉もあり，世界三大美港の一つになっている。ダンテがこの世の楽園と称えた温暖な気候と美しい風景，地中海貿易の要である良港は，ヨーロッパ各国の憧れの的となった。

　紀元前 7 ～ 6 世紀には「ネアポリス」と呼ばれ，ギリシャの植民都市として栄え，その後はローマ帝国や東ローマ帝国の属領となった。8 世紀～ 11 世紀にはナポリ公国として自治を確立したものの，12 世紀にはノルマン人に，13 世紀にはフランス王家アンジュー家に，15 世紀にはスペインのアラゴン家にと，次々と支配者が変わったが常に文化的中心であり続けた。それらの多様な文化とそれぞれの影響を強く受けた歴史的建築物が多く残り，世界遺産となっている。

　モーロ・ベヴェレッロ港に面して建つヌオーバ城は，13 世紀後半フランスのアンジュー家，シャルル 1 世によって築かれた城である。円筒型の塔が 5 棟あり，そのうち 2 つの間にはスペインが領有した際，アラゴンのアルフォンソ 1 世が建てた凱旋門がある。内部は市立博物館になっている。

　サンタ・ルチア港の岩が多い小島に建てられた卵城は 12 世紀にノルマン人によって建てられた要塞である。城の基壇に埋め込んだとされる卵が割れる時，ナポリの街も滅びるという伝説が残っている。ここからのサンタ・ルチア港とナポリ市街，ソレント半島，カプリ島の眺めは素晴らしい。洗濯物が下がる庶民の街スパッカ・ナポリの一角にあるサンタ・キアーラ修道院は，アンジュー家が 14 世紀初めに建てた回廊の美しいゴシック建築である。その他ナポリのバロック建築を代表する王宮や 14 世紀創建のカテドラルがある。街を見下ろすヴォメロの丘に登ると，16 世紀にスペイン人が星形に造り変えたサンテルモ城と内部のバロック装飾が美しいサンマルティーノ修道院がある。

　ナポリといえばピザ，ナポリはピザの発祥の地と言われる。ナポリを訪ねたらぜひ味わいたい。

写真 8-17　ナポリ市街地とヴェスヴィオ火山（フリー写真）

6. スペイン

(1) スペインの地勢と気候

　面積 50.6 万 km²，人口は 4,639.7 万人（2018）の国である。首都マドリードの人口は 318.6 万人（2013）。ヨーロッパ大陸の南西部に位置し，イベリア半島の 5 分の 4 を占める。北東のピレネー，北のカンタブリカ，南のネバダ・モレーナの 4 山脈に囲まれ，大部分が平均 700m の高原地帯となっている。北東はフランス，西はポルトガルと国境を接し，大西洋と地中海に面している。地中海上のバレアレス諸島，アルボラン島，地中海対岸のアフリカにあるセウタ，メリリャ，大西洋上のカナリア諸島を含む。

　全土が温帯で気候の特色に応じ，大きく 3 つの地域に分けられる。大西洋に面した西部および北部は夏冷涼で冬温暖な西岸海洋性気候（Cfb）で，降雨も 1 年間平均している。中央高地は夏冬の寒暖の差が大きく乾燥し，海岸部に比べて雨は少ない。地中海沿岸は夏高温乾燥の地中海性気候（Cs）となっており，北アフリカに発生する高気圧の影響で，夏季に異常な暑さになることがある。マドリードは 1 月平均気温 6.2℃，7 月 25.5℃，年平均気温 15.0℃，年降水量 437mm である。また主要都市セビリアは 1 月平均気温 11.2℃，7 月 28.6℃，年平均気温 19.6℃，年降水量は 547mm となっている。

(2) スペインの見どころ

①世界遺産

　スペインには文化遺産 42 件，自然遺産 4 件，複合遺産 2 件，合計 48 件が登録されていて，イタリア，中国に次いで 3 番目に多い。紀元前 201 年ローマの属領となった。その後ゲルマン民族の一つである西ゴート族が移住し，418 年西ゴート王国（418 〜 711）が成立したが，8 世紀初めイスラム教徒が進出する。756 年後ウマイヤ朝（796 〜 1031）の支配下になる。キリスト教徒によるレコンキスタ（国土回復運動）を経て，1492 年イスラム教徒をリベリア半島から追放し，スペイン支配を確立した。1516 年ハプスブルク家の支配が始まり，16 世紀には「太陽が没しない国」と言われるほど黄金時代を迎えたが，1588 年無敵艦隊がイギリスに敗北，フランス，オランダとの戦争にも敗北した。スペインには歴代カスティーリャ王が居城としたローマ時代からの高原の街セゴビア，スペイン最古の大学がある学生の街サラマンカ，キリスト教・イスラム教・ユダヤ教の 3 宗教と文化が混在する古都トレド，「アランフェス協奏曲」で知られるスペイン王家の水と庭園の宮殿アランフェス，モスクとカテドラルが同居するスペイン・イスラム王朝の都コルドバ，イスラム王朝最後の都に咲いたイスラム宮殿建築の華グラナダなど，首都マドリードとともに見どころは多い。

②アルタミラ洞窟とスペイン北部の旧石器時代洞窟壁画（1985 年，2008 年範囲拡大）

　スペイン北部アルタミラにある洞窟には，旧石器時代の新人（現生人類）クロマニョン人によって描かれた彩色壁画がある。紀元前 1 万 7,000 年〜前 1 万 3,500 年のものと推定されるこの壁画は，バイソン（野牛）やシカ，ウマなどの動物が写実的に描かれており，

写真 8-18　左：マドリードの目抜き通りグランヴィア，右：マヨール広場（ともに北田晃司）

写真 8-19　左：マドリードのスペイン広場，ドンキホーテとサンチョパンサの像（北田晃司）
　　　　　右：アルタミラの壁画・バイソン（フリー写真）

旧石器時代の洞窟美術の代表である。1879 年の発見当初は，新人が描いたものとは認められなかった。しかし，20 世紀半ばに南フランスのラスコーやスペイン北部で次々と洞窟壁画が発見され，調査・研究の結果，新人の壁画であると確認された。

　最も有名な壁画がある洞窟の大きさは，長さ約 20m，幅約 10m，高さ約 1.2 〜 2m あり，近年の研究で儀式に使われていたのではないかと考えられている。アルタミラの洞窟壁画は獣脂に黄土と木炭，マンガン酸化物などを溶かしたもので彩色されており，岩肌の凹凸を生かしながら，ぼかしの技法による色の濃淡で立体感を出すなど，高度な技術で描かれている。

　1985 年に「アルタミラ洞窟」が単独で世界遺産に登録されたのち，2008 年に 17 か所の洞窟が追加登録された。現在，人間が呼吸してはき出す二酸化炭素や体温などが壁画を傷めるため，すべての洞窟で入場が禁止された。同じ敷地内の博物館でレプリカが展示されている。

③サンティアゴデコンポステラの巡礼路：カミノ・フランセスとスペイン北部の道（1993 年，2015 年範囲拡大）

　スペイン北西部にあるサンティアゴデコンポステラは聖ヤコブを祀る，バチカン，エルサレムと並ぶキリスト教三大巡礼地のひとつである。

　巡礼には民間人や王族貴族も参加し，最盛期の 13 世紀には年間 50 万人が訪れた。また，この道を商人や職人なども行き交い，ヨーロッパ中の文化や知識の交流がさかんであった。巡礼者の中に建築士や石工もいたため，街道沿いにはロマネスク様式の聖堂や修道院が建

てられた。

　スペイン北部を東西に貫く「道の遺跡」であり，当初登録された「カミノ・フランセス（フランス人の道）」に加え，2015年には海辺や内陸バスク地方を通る「スペイン北部の道」も拡大，登録された。登録範囲には巡礼路のほか，サンティアゴデコンポステラの大聖堂やブルゴスの大聖堂など単独で世界遺産登録されている遺産も含まれている（2 世界の観光資源，P.13のコラム参照）。

④コルドバ歴史地区（1984年，1994年登録）

　8世紀から11世紀まで，コルドバはアラブ人の後ウマイヤ朝の都として栄え，300ものモスクがそびえる学問の中心地でもあった。10世紀には人口100万のヨーロッパ最大の都市として「西方の真珠」と称えられた。

　旧市街の入口アルモドーバル門を入ると，ユダヤ人街がある。古い町並み全体が世界遺産となっている。ユダヤ人街にはアラブとスペイン建築が融合したムデハル様式のユダヤ教会やパティオ（中庭）を囲んで民芸品店が並ぶ。

　メスキータは8〜10世紀に造られた南北180m，東西130m，2万5,000人を収容する世界第2位（第1位はメッカのカーバ神殿）の規模を誇るモスクである。内部は薄暗い堂内に，赤白に塗り分けられた馬蹄型アーチを持つ大理石の柱が，850本も林立して幻想的な空間を作り出している。入口近くの部分が，8世紀に造られた最古のものである。

⑤グラナダのアルハンブラ宮殿，ヘネラリーフェ離宮，アルバイシン地区（1984年，1994年範囲拡大）

　グラナダはイベリア半島における最後のイスラム王国（ナスル朝,1232〜1492）の首都で，1492年に陥落するまでイスラム文化と芸術が栄えていた。その後はキリスト教勢力がイスラム勢力を駆逐するレコンキスタ（国土回復運動）でキリスト教の支配下になった。ちなみにグラナダとは「ザクロ」を意味する。

　グラナダは3,000mを超えるネバダ山脈の麓に立地し，乾燥したアンダルシアでは珍しく，豊富な水と緑に恵まれた美しい街である。その旧市街東南の高台にある，1万4,000m²という広大な敷地にそびえるアルハンブラ宮殿は，ナスル朝のムハンマド1世がイスラムの建築技術と美術，文化の粋を集め1238年から170年もの年月をかけて増築を繰り返し完成した。ヘネラリーフェ離宮とともに保存状態も良いことから，世界遺産に登録された。

　アルハンブラ宮殿はイスラム建築の典型で，一般的に建物の外面よりも内面を美しく飾

写真8-20　左：コルドバ，世界遺産・歴史地区，右：グラナダ，アルハンブラ宮殿外観（ともにフリー写真）

る。外観はただの巨大な城塞だが，内部に入るとアラベスク模様に彩られた華麗な部屋が続く。宮殿は 13 世紀の要塞跡アルカサバ，王宮，イスラム勢力を追い出したカルロス 5 世の宮殿，ヘネラリーフェ庭園の 4 つから成る。アルカサバは城内最古の部分で，かつては 24 の塔が立っていた。ベラの塔からはヘネラリーフェや市街，ネバダ山脈が一望できる。王宮から 350m 離れたヘネラリーフェは 14 世紀初めに造営された夏の離宮である。糸杉と緑の生垣を配し，大小の噴水がある中庭（パティオ）が美しい。

　宮殿北部に広がるアルバイシン地区は，イスラム教徒たちが居住していたグラナダ最古の地区で，迷路のような石畳の坂道が続き，茶色の屋根と白壁の古い町並みが続いている。その一角のサン・二コラ教会前の広場からは，ネバダ山脈を背景にしたアルハンブラ宮殿の全貌が一望できる。宮殿が紅に染まり，まさに赤い城（アルハンブラ）になる夕方に訪れたい。

 【コラム】負の遺産

　原爆ドームは「広島平和記念碑」として，1996 年に世界文化遺産に登録された。人類が起こした悲劇を記憶にとどめ教訓とする「負の遺産」と考えられる。近現代に起こった戦争や人種差別など，人類が犯した過ちを記憶にとどめ教訓とするためのものである。ナチス・ドイツが建設した強制収容所も原爆ドームと同じく（vi）の基準（顕著な普遍的価値をもつ出来事もしくは生きた伝説，または思想，信仰，芸術的・文学的所産と，直接または実質的関連のあるもの）のみで，世界遺産に登録された「負の遺産」と考えられている。

　ヒトラー率いるナチス・ドイツは，1930 年代初めにドイツの政権を掌握すると，第二次世界大戦を引き起こすとともに，極端な人種主義政策を展開した。当時ドイツ領であったポーランド南部のオシフィエンチム（ドイツ語読みでアウシュヴィッツ）の収容所には，ユダヤ人やスラブ人，障がい者などが強制的に収容された。この収容所で 100 万人以上のユダヤ人が殺害されたとされる。終戦間近にナチス・ドイツは強制収容所を破壊し始めたが，アウシュヴィッツとビルケナウの収容所はソ連軍が占領したため残された。そして，1979 年世界遺産に登録された。

9 アングロアメリカの観光地域

図 9-1　アングロアメリカ概要図（●は本文，写真の位置と主な都市）

1. アメリカ合衆国

(1) アメリカ合衆国の観光概観

　山村順次（1997）によると日本の約 26 倍の面積を有する広大なアメリカ合衆国には，西部を中心としてスケールの大きな自然が存在する。その中には国立公園，国立記念物公園などに指定されていて，保護・保全されていると同時に観光客に利用されている。全国的に特色ある自然景観，歴史景観，都市景観が多く存在し，また地域住民のためのレクリエーション空間が整備されており，国民の観光活動は活発である。

　植民地であったころ，人びとは厳しい自然の中で生きることに精一杯であった。労働こそ最も重要で，怠惰こそ社会道徳的罪悪であり，あらゆる遊びは禁じられた。しかし，18 世紀前半になると，人びとは教会の教えに反してスポーツとしての狩猟や魚釣り，乗馬を楽しむようになり，医者の指導の下で療養のために温泉地や海岸を訪れたりした。やがてこれらが流行を追うリゾートに変化した。

　鉄道が発達すると多くの旅行者が遠方へ移動した。エリー鉄道が開通すると，ナイアガラ滝は 1870 年代にはハネムーンのメッカとなった。内陸水運もさかんになり，ミシシッピ川のニューオーリンズとセントルイス間は，ギャンブルや種々の遊びを楽しむ人びとを乗せた観光蒸気船が行きかった。産業革命後，富裕層は長期の周遊旅行をするようになり，特に南部の上流階級層は北部の大都市に滞在したり，独立戦争や南北戦争の戦跡を巡ったりし，リゾート地を訪れることが流行した。

　1869 年に大陸横断鉄道が開通し，西部の大自然がアメリカの人びとのみならずヨーロッ

パの人びとを引き付けるようになった。1870年モンタナ州のウォッシュバーンとラングフォードが率いる探検隊6人は，イエローストーン地域に入って大間欠泉や温泉，湖沼，滝，森林などの変化に富んだ素晴らしい自然景観に感動した。そして政府に対してこの地を永久に保存すべきであると，1871年にこの地を訪れた地質学者ヘイデンとともに提言した。1872年3月1日にグラント大統領のサインを得て，ここに世界初のイエローストーン国立公園が指定された。

　20世紀に入って自動車が普及すると，道路が整備されるとともに労働時間が短縮されて観光が一層さかんになった。1916年に国立公園局が設置され，国立公園のほかに国立記念物公園，国立レクリエーション地区，国立歴史公園なども体系的に整備され，これに国有林を加えて自然公園での観光レクリエーションがさかんになった。

　第2次世界大戦後，北東部では都市化の進展に伴って農漁村地域が観光地化した。東部のマサチューセッツ州ケープコッドでは，1951年当時農業・工業収入額に対して観光収入は約9倍を示すほどであった。その後西部のロッキー山脈に数多く分布する国立公園のほか，全国的に各種の自然公園が保全され，利用者が増加し宿泊客も増加した。ヨセミテ国立公園，イエローストーン，グランドキャニオンなど，西部の山岳・高原地域での利用者が多く，夏季に集中している。キャンピングカーに宿泊する客，次いでテント利用とホテル・モーテル利用客が多い。大自然の中，安価な費用で心身ともにリラックスしている。

　スキー場はコロラド州のロッキー山中に多く分布している。一方，ディズニーランド，シーワールドなど民間大資本によるユニークなテーマパークが各地に開設されており，歴史的町並みを再現し，ウォーターフロントの再開発を進めているところもある。

　カリフォルニア州はディズニーランドをはじめユニバーサルスタジオ，ナッツベリーファームなどの大規模テーマパークをもち，太平洋岸のリゾート，山岳地域の観光地が多い。フロリダ州はマイアミを中心としてディズニーワールド，シーワールドのテーマパークや海岸リゾート地が続いている。いずれも避寒地としての性格が強い。ネバダ州はラスヴェガスのカジノ客が多く，その収入は他を突出している。

　アメリカ合衆国では一般に，西部の海岸や山岳地域，東部のフロリダ，ニューイングランドと，本土から離れたハワイ，アラスカなどが，観光地域としての性格を強くもっている。

(2) アメリカ合衆国の地勢と気候

　面積は983.4万km²，人口3億2,906.5万人（2019）を擁する国である。首都ワシントンD.C.は人口68.1万人（2016）。本土は北米大陸の中央部に位置する。北はカナダ，南はメキシコに接し，東は大西洋，西は太平洋に面する。西部にロッキー山脈，シエラネヴァダ山脈，東部にアパラチア山脈が走る。中央部には西から高原状の大平原グレートプレーンズ，穀倉地帯のプレーリー，ミシシッピ川流域の中央平原が広がる。アラスカはカナダの北西に接し，ハワイは北太平洋上で，ポリネシアの北端にある。海外領土はプエルトリコ，アメリカ領ヴァージン諸島，太平洋上の北マリアナ諸島，グアム，アメリカ領サモアなどがある。北米大陸最高峰はアラスカのデナリ（マッキンリー）山6,190mで，アメリカ本土の最高峰はシエラネヴァダ山脈のホイットニー山4,418mである。

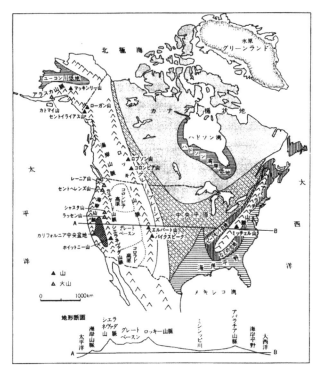

図9-2　アングロアメリカの地形区分
（正井泰夫『改訂版 アメリカとカナダの風土』による）

　気候は国土が広大で変化に富んでいる。北部は大陸性の冷帯（亜寒帯）湿潤気候（Dfa・Dfb）に属する。冬季は寒冷で降雪量も多い。中部から南部は温暖湿潤気候（Cfa）で，フロリダ半島の先端は熱帯（Am・Aw）となる。西部では降水量は少なくなり，テキサス州西部からロッキー山脈の東麓はステップ気候（BS）となり，ネヴァダ，アリゾナ州では砂漠気候（BW）が卓越する。太平洋岸の北部は温和な西岸海洋性気候（Cfb）で年間を通じて降雨があり，南部はカリフォルニア州を中心に地中海性気候（Cs）がみられ，夏季は高温で乾燥する。

　西海岸ロサンゼルスは1月平均気温14.1℃，7月20.7℃，年平均気温17.3℃，年降水量322.0mm。北部シカゴは平均気温が1月−4.6℃，7月23.3℃，年平均気温9.9℃，年降水量927.5mm。南東部マイアミは1月平均気温20.1℃，7月28.8℃，年平均気温25.0℃，年降水量1,568.6mm。北東部の大都市ニューヨークは1月平均気温1.0℃，7月25.3℃，年平均気温13.2℃，年降水量1,145.4mmとなっている。

（3）アメリカ合衆国の地理的特徴

①民族と宗教

　民族は，ヨーロッパ系61.6％，ヒスパニック17.6％，アフリカ系12.4％，アジア系4.8％，混血2.9％，先住民0.9％，ハワイと太平洋系0.2％で，「人種のサラダボウル」と称されることもある。

　宗教は，キリスト教78.5％（プロテスタント51.3，カトリック23.9，モルモン教1.7ほか），

写真9-1　左：ニューヨークのグランドゼロ，右：チャイナタウン（薬師寺浩之）

ユダヤ教1.7％，仏教0.7％，イスラーム0.6％，ヒンドゥー教0.4％などが信仰されている（2007）。

　アメリカはヨーロッパからの移民により成立した。移民のうち，かつて多数を占めたのは白人で，イギリスを中心としたアングロ・サクソン系の民族であり，しかもプロテスタントであるということから，WASPと呼ばれていた。しかし，現在では多民族社会となり，アフリカ系アメリカ人と，日常生活でスペイン語を話すヒスパニックの割合は，ともに1割を超えている。

②農業

　世界最大の農業生産国，農産物輸出国である。高度に機械化された大規模経営で生産性が高い。アメリカは広い国土と温和な気候のもとで農業が発達している。世界最大の農産物の生産国で，かつ世界一の食料輸出国である。土地の自然的条件や社会的条件に最も適応した作物の栽培や農業経営を行うという適地適作と，高度に機械化された大規模経営で生産性が高く，アグリビジネスが発達している。

③鉱工業

　世界最大の工業国で，とくに先端産業で優位に立つ。鉱産資源にも恵まれているアメリカは，世界をリードしている。石炭と鉄を産出する五大湖沿岸ではシカゴ，デトロイトなどで重工業化が進んだ。ロサンゼルスやシアトルには航空機産業が発展し，大工場が立地している。近年，北緯37度以南の温暖なサンベルトにエレクトロニクス産業や航空宇宙産業が集積している。

(4) アメリカ合衆国の世界遺産

　文化遺産11件，自然遺産12件，複合遺産1件の計24件が登録され，自然遺産の方が多い。アメリカ合衆国の歴史は200年余りで歴史的な建造物や記念物が乏しいように思える。しかし，ヨーロッパから白人が本格的に移住するはるか昔から，先住民たちは北米の地で高度かつ先進的な文明・文化を繁栄させていた。「プエブロ・デ・タオス」（ニューメキシコ州），「チャコ文化国立歴史公園」（同），「メサ・ベルデ国立公園」（コロラド州南西部），「カ

ホキア墳丘群州立史跡」（イリノイ州）などの遺跡は，ヨーロッパやアジアの歴史ある国々で出会う遺跡や建築と比べても劣らない歴史的遺産である。

　もちろんアメリカ合衆国の歴史的モニュメント群も見逃せない。ペンシルベニア州フィラデルフィアにある「独立記念館」は，イギリスの植民地からアメリカが独立するまでの経緯を，「ヴァージニア大学」（ヴァージニア州）では，独立宣言を寄贈し，自らも合衆国第3代大統領になったトマス・ジェファーソンゆかりの建築物などを知ることができる。そして，フランスがアメリカ独立100周年を記念して贈った「自由の女神像」は，“自由の国”をうたうアメリカ合衆国の足跡と願いをそのまま体現している。

　この国の世界遺産を代表するのは，広大な自然環境である「レッドウッド国立公園」（カリフォルニア州），「ヨセミテ国立公園」（同），「エバーグレーズ国立公園」（フロリダ州），遠くハワイ諸島にある「ハワイ火山国立公園」，アラスカではカナダにまたがる「ランゲル＝セント・エライアス国立公園と自然保護区」，「グレイシャー・ベイ国立公園」など，他の国や地域では見られない壮大なスケールの自然環境や動植物群は，この国の絶大なパワーを感じさせる。

（5）主な見どころ

①メサ・ベルデ国立公園（コロラド州，1978年登録）

　豊かな自然とよく保存されたアナサジ族（ナバホ族の言葉で“老人”を意味する）の遺跡で知られる。その名はテーブル状の山（メサ）の上面を緑の森（ベルデ）が覆っていたのを，スペイン人の開拓者が「メサ・ベルデ（緑の台地）」と呼んだことに由来する。歴史，建築学，民俗学と価値を具えたメサ・ベルデは1906年に国立公園に指定され，国から手厚い保護を受けている。

　ここには，かつてこの地で暮らした先住民のアナサジ族たちの神殿や住居などの建造物が残っている。それらは砂岩の絶壁という特異な場所につくられている。標高530mの台地が続くメサ・ベルデ地域は，切り立った崖や岩の窪み，洞窟などが至る所にある。昼夜の気温差が大きく，降雨も不安定で厳しい自然条件の公園である。

　メサ・ベルデの遺跡群は，1874年に地質調査員が発見し報告された。さらに，1889年偶然にこの建物群と出会った牧場主の熱意により，1891年から本格的な調査が始まった。現在までに180の断崖住居が発見されている。なかでも有名なのはクリフ・キャニオンにあるクリフ・パレス遺跡で，全米最大級のものである。

　この地域の崖の上部は水平で硬い岩層からなり，中・下部は急斜面をなしている。一帯に集落が形成されたのは600〜1300年とされている。当初は上部の浅い窪みに集落がつくられたが，後に住居は崖面へと移り，住居上部には縄梯子で出入りしていた。生業については不明な点が多いが，崖の上の土地では農耕が行われていた。また出土した土器，装身具，什器などから高い技術水準を保持していたことがうかがえる。アナサジ族は神秘的文化の跡を残し，忽然と歴史の彼方へ消えた民である。

②イエローストーン国立公園（ワイオミング州，モンタナ州，アイダホ州）

　1978年世界遺産第1号となった公園である。ここは四国の約半分にあたる約9,000km^2

写真 9-2　左：メサ・ベルデ国立公園，右：イエローストーン国立公園（ともにフリー写真）

の広大な面積を誇る。この規模はアメリカ合衆国で最大，しかも 100 年以上も前に国立公園に指定された自然保護のシンボル的存在でもある。

　ロッキー山脈の中央部を領域とする，イエローストーン国立公園の大部分は火山性の高原地帯である。その名は公園内を流れるイエローストーン川に由来する。“黄色の石”といわれる地肌の色や，隆起と侵食を繰り返した地形，大峡谷，間欠泉，温泉，世界最大のカルデラなど見どころが多い。

　この公園のほとんどは，針葉樹を中心とした森林地帯とそれに続く草原で，野生動物たちにとって格好の棲み家となっている。

③独立記念館（1979 年，文化遺産）

　アメリカ合衆国誕生の地は，ペンシルベニア州フィラデルフィアである。州の東南に位置するこの都市は古くから政治と経済の中心地として栄え，1790 年から 1800 年までは合衆国の最初の首都であった。アメリカ独立宣言に関する各種のモニュメントや記念の品々は，独立記念国立歴史公園に収められている。

　この公園の中核をなすのが，チェスナット通りにある独立記念館である。レンガ造りの典型的なイギリス様式の二階建て建物は，植民地だった 1749 年に完成した。元はペンシルベニアの議事堂だったこの建物の外観は，時計台と尖塔のついた八角形のドームになっている。ここにトマス・ジェファーソンら 13 の植民地の代表が集まったのは，1776 年 7 月 4 日だった。彼らはジェファーソンが起草した「独立宣言」を読み上げた。

　フィラデルフィアは碁盤目状の道路を導入したアメリカ最初の都市で，よく保存された古いものと新しいものとが調和した街である。

④自由の女神像（ニューヨーク）（1984 年，文化遺産）

　自由の女神像（正式名称は「世界を照らす自由」）で，除幕式は 1886 年 10 月 28 日に行われ，1924 年に記念建造物に指定された。高さ 46m（台座部分を含めると 93m）で，人差し指の長さだけでも 2.4m，重量は 225t に及ぶ。

　自由の女神像はマンハッタン湾のすぐ南側にあるリバティ島に立っていて，この島へはフェリーを利用する。像の足元，台座の部分には移民博物館と自由の女神博物館があり，アメリカの自由の精神を認識することができる。像の頭頂部へは途中までエレベーターで，さらに宝冠部分まで狭くて急ならせん階段を登る。この像はアメリカ合衆国独立 100 周年

写真 9-3　左：フィラデルフィア独立記念館（フリー写真），中：ニューヨーク自由の女神像，
右：エンパイアステートビル

写真 9-4　左：ハワイ・オアフ島のビショップ博物館
右上：マウナケア山（手前）とマウナロア山（奥）
右下：キラウエア火山のハレマウマウクレーター

を祝うとともに，両国の友好のために 1886 年に自由の象徴としてフランスから贈られた。船でアメリカへやってきた多くの移民にとって，最初に出会う「アメリカ」となっている。

⑤ハワイ火山国立公園（1987 年，自然遺産）

　ハワイ諸島最大の島，ハワイ島には南東部にそびえる標高 4,170m のマウナロア山と，その南東の山腹に位置する 1,222m のキラウエア山で，活発な火山活動が続いている。特にキラウエア山は，この 30 年間で大小 50 回以上の噴火が観測されている。流失した溶岩が海岸線を越え海で冷却され固まった結果，100ha 近くも島の面積が広くなった。1912 年マサチューセッツ工科大学がキラウエア山の火口に観測所を設置して以来，火山や地質に関する研究が続けられ高い評価をあげている。（P.115 のコラム参照）

2. カナダ

(1) カナダの地勢と気候

　面積 998.5 万 km²，人口は 3,741.1 万人（2019）の国である。首都はオタワで人口 97.3 万人（2016）。北アメリカ大陸の北部を占め，北は北極海，東は大西洋，西は太平洋

に面し，北東部でバッフィン湾などを隔ててグリーンランドと対峙する。北西部はアラスカ，南部はアメリカ合衆国本土に接する。世界2位（日本の約27倍）の広大な国土を有する。中央部はカナダ楯状地の大平原，東はラブラドル半島が突出し，西部は険しいロッキー山脈が走り，南部の五大湖地方とセントローレンス川にかけては丘陵地帯をなしている。

　気候は国土の大部分が冷帯（Dfb・Dfc）及び寒帯（ET）である。アラスカ海流（暖流）の影響で太平洋岸はヨーロッパ型の西岸海洋性気候（Cfb・Cfc）で比較的温暖，降雨も平均している。東部海岸と内陸部は夏季と冬季の気温の差が激しい大陸性気候となっている。西海岸のヴァンクーヴァーは1月の平均気温4.0℃，7月17.6℃，年平均気温10.3℃，年降水量は1,197.6mmである。東部のモントリオールは1月の平均気温－10.1℃，7月21.0℃，年平均気温6.5℃，年降水量957.9mmである。

(2) カナダの地理的特徴

①産業

　農業は，アメリカから続く春小麦地帯では小麦栽培，肉牛・羊の飼育，五大湖周辺での酪農，果樹栽培など南部で発達している。大西洋岸は林業がさかんで，パルプ，紙，建築用材の生産と輸出が多い。漁業は，北西大西洋ではグランド・バンクなどの浅堆に恵まれ，ラブラドル寒流とメキシコ湾暖流のぶつかる潮目にあたり，プランクトンが多く魚の種類も多い。タラ，ニシン，ロブスター，マグロなどがハリファックス，セントジョンズなどの漁港へ水揚げされる。太平洋岸ではサケ，マス，タラなどの漁業が中心で，ヴァンクーヴァーに大漁港がある。

　鉱工業は，金，銀，白金，マグネシウム，銅，鉛，亜鉛，ニッケル，コバルト，モリブデンなどの世界的な産地で，中でもニッケル鉱と亜鉛鉱の産出量が多い。またエネルギー資源も恵まれている。

　主要工業は，自動車工業（オンタリオ州南部からケベック州南部），製鉄業（ハミルトン），石油精製（アルバータ州のエドモントン，カルガリー），アルミ精錬（ケベック州のアルヴィーダや太平洋岸ブリティッシュ・コロンビア州のキティマト），製粉業（ウィニペグ，リジャイナ，カルガリー），パルプ・製紙業（東部，太平洋岸）などである。

②多文化主義と2つの公用語

　カナダは1604年にフランスがケベックに植民地を建設したことに始まり，イギリスのオンタリオ植民地と対立する植民地争奪があった。しかし1763年カナダはイギリスの植民地となり，フランス系カナダ人はイギリス系カナダ人の支配下で生活することを余儀なくされた。1960年代からフランス系住民はケベック州の分離独立を求めるようになった。しかし「州民投票」を行った結果，独立には至っていない。1971年，1つの社会に複数の文化が混在することを積極的に評価しようと考える多文化主義を導入した。英語とフランス語が公用語であるが，ケベック州ではフランス語を唯一の公用語としている。

(3) カナダの見どころ

　カナダの世界遺産は，文化遺産が8件，自然遺産が10件，複合遺産が1件の計19件で，

写真 9-5　左：ケベック市のダウンタウンと，丘上にある
　　　　　シャトーフロントナックホテル
　　　　　右：ケベック，ルイ 14 世の胸像があるロワイヤ
　　　　　ル広場とノートルダム教会

自然遺産が多い。

①ケベック旧市街の歴史地区（1985 年，文化遺産）

　ケベック州はカナダ最大の州で人口は約 839 万人（2018），その 80％がフランス系住民といわれている。ケベック市はセントローレンス川とセントチャールス川が合流する場所にある。この町は度重なる戦火の経験から，旧市街全体を城壁で囲み，その南にある丘にはシタデルと呼ばれる星型の城塞がつくられている。このシタデルは 19 世紀にイギリス人が建造したもので，北米では珍しく中世ヨーロッパに見られる城の面影を残している。

　ケベックは 1535 年にフランス人の探検家がここを訪れたことに始まる。その後フランスの北米植民地の中心地として発展するが，英仏植民地抗争でフランスは敗れ，ケベックはイギリスのものとなった。1867 年に自治州となり，1974 年にはフランス語を唯一の公用語と宣言。また 1995 年に住民投票でカナダからの独立の是非を問うたが，わずかな差で現状維持を保つ意見が上回り，残留が決定した。

②カナディアン・ロッキー・マウンテン自然公園群（アルバータ州，ブリティッシュ・コロンビア州）（1984 年，自然遺産）

　氷河の山並み，多くの湖沼，野生動物との出会いに感動するバンフ国立公園は，カナダ最初の国立公園で，その指定は 1887 年に遡る。コロンビア大氷原から流れるアサバスカ

写真 9-6　左：カナディアンロッキーへの道，右：アサバスカ氷河観光

写真9-7　左：ランス・オ・メドゥズ国定史跡（ニューファンドランド州 HP），右：ナイアガラ滝のカナダ滝

写真9-8　ヴィクトリア
左：ロイアルブリティッシュコロンビア博物館前の先住民族の復元住居，右：エンプレスホテル

写真9-10　左：オタワの官庁地区，右：ヴァンクーヴァー市街とバラード入江

氷河へのスノー・コーチ（雪上バス）ツアーは最高である。
③ランス・オ・メドゥズ国立歴史公園（1978 年，文化遺産）
　カナダ最東端の大西洋上に浮かぶ大きな島，ニューファウンドランド島の北端，グレートノーザン半島先端にある北米唯一のヴァイキングの遺跡である。ノルウェー人の冒険家ヘルゲ・イングスタッドと考古学者の妻は，北欧の叙事詩「サガ」でヴァイキングの航海者レイフ・エリクソンが 1000 年頃に到達した，という伝説の地ヴィンランドを見つけようとニューファウンドランド島に渡り，ランス・オ・メドゥズで北欧ヴァイキングの住居に似た集落跡を発見した。住居は木枠を組み，泥炭で壁を重ね塗りし，屋根を草で覆って

いた。製材所や鍛冶場，溶鉱炉の跡などもあり，先住民は使っていなかった鉄釘が発見されたことから，11世紀のヴィキングの遺跡と推定される。コロンブスによる新大陸発見説を覆す大発見であった。

④その他

　ナイアガラ滝クルーズ，プリンスエドワード島（赤毛のアンの舞台），首都オタワ，ブリティッシュ・コロンビア州の州都ヴィクトリア，ヴァンクーヴァーなどへの観光も見逃せない。

【コラム】ビッグアイランド

　ビッグアイランドとはハワイ島のことである。面積1万0,432.5km²と四国の半分よりも大きく，ハワイ諸島の他の7島の合計よりも勝る。島を一周すると360kmで東京〜名古屋ほどもある。人口は17万人でオアフ島に次ぐ。この島に標高4,205mのマウナケア，4,170mのマウナロアという2つの楯状火山が太平洋に浮かぶようにそびえている。熱帯なのに冬には雪をいただく。マウナケアの頂上でスキーを楽しみ，同時に海岸ではマリーンスポーツが楽しめる楽園となっている。

　南北に高峰がそびえるため，年中吹く北東貿易風が山にぶつかり，ハワイ島の経済の中心地で風上の東側に位置するヒロは，日系人の間で「弁当忘れても傘忘れるな」といわれるほど雨が多い。しかし西側のコーヒーファームが集まるコナでは乾燥した溶岩の砂漠が続き，雨はほとんど降らない。そのため，絶好のビーチリゾートになっている。日本人観光客の多くもコナ地区のリゾートホテル群に滞在する。

　ハワイ諸島は，ホットスポット（マグマだまり）が100〜200万年ごとに太平洋プレートを突き破って噴火を繰り返すことによって誕生した。プレートは北西方向に年間10cm移動しており，カウアイ島が約500万年にでき，火山活動は終えている。プレートの移動とは逆の南東方向にオアフ島，マウイ島の順にできた。ハワイ島は溶岩を流して拡大し続ける現在進行中の最も若い島である。

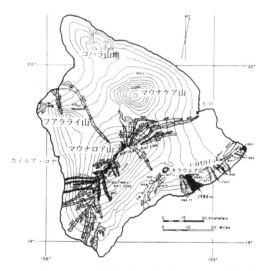

図9-3　ハワイ島の火山と溶岩の流れ（『図説 世界の自然環境』より）

10 ラテンアメリカの観光地域

1. ラテンアメリカの観光地

　ラテンアメリカとはメキシコ以南をさす。世界最大の山脈であるアンデス山脈の山々の美しさは旧大陸を圧倒している。温泉地，大峡谷，大河，大瀑布，氷河，火山そして固有種の楽園など，世界屈指の自然景観の多くが新大陸にそろっている。

　文化遺産も見逃せない。マヤ文明，アステカ文明，インカ帝国，先住民が築いた文化の偉大さを物語る文化遺産が多い。しかし，これらの文明はヨーロッパ人によって滅ぼされたり，滅亡の危機にさらされたりするものが多いが，現存する遺跡や絵画を見れば，その独自の技術や魅力を感じ取ることが可能である。

　ラテンアメリカにはヨーロッパ人が築いた植民都市も多く，世界文化遺産に登録されている。これらの都市は美しく華麗なコロニアル建築に彩られている。けれども，その中には先住民の都市を破壊して，その上に造られたものも少なくない。さらに，植民地支配や人種差別など人類の愚行を「負の遺産」として登録している。

　インカの遺跡マチュピチュには世界中から多くの観光客が訪れるため，石の土台が磨耗して揺らいできている。とくにインカの古道はトレッキングコースとして利用され，傷みがはげしい。さらに最近の異常気象によって大雨が降り，遺跡にも地滑りが発生する可能性がでてきた。そのため遺跡の安全対策が大きな課題となっている。ペルー政府は 2011 年から遺跡への入場を一日 2,000 人に制限した。入場には事前予約が必要である。

2. メキシコ

(1) メキシコの観光概観

　メキシコ合衆国はアメリカ合衆国と国境を接しているので，早くから多くの外国人観光客を受け入れてきた。1970 年にその数はすでに 225 万人に達し，その後も増加している。観光客は隣国アメリカが圧倒的に多い。1970 年には陸路車で入国する人が多かったが，以後は航空機での入国が増加している。アメリカの州別入込み客数をみるとテキサス州，カリフォルニア州，アリゾナ州の順になっている。1970 年代以降，ユカタン半島突端のカンクンが観光開発されたことから，近くのフロリダからのウェイトが急増している。

　首都メキシコシティは都市観光に加えて，水郷のソチミルコ，奇跡の寺院グアダルーペ，郊外にテオティワカンのピラミッドなどを有し，各地から観光客が集まる。グアダルーペ寺院は，フランスのルルド，ポルトガルのファティマとともに，ローマ法王が認めたマリア奇跡の寺院である。

　メキシコは観光資源に恵まれた国である。代表的な観光資源を時代で区分すると 3 つに

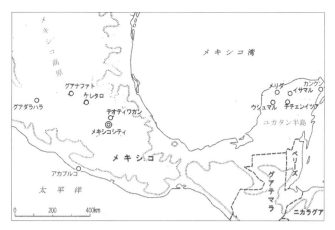

図 10-1　メキシコの概要図（破線は標高 1,000m）

なる。まずは，オルメカ，マヤ，アステカの古代文明により残された遺跡，次はメキシコシティ，グアナファトなどのコロニアルシティといわれるスペイン統治時代の街並みや建造物，そしてカンクン，アカプルコに代表される現代のビーチ＆リゾートである。これらの中からメキシコ全土で世界遺産に登録されているものが，文化遺産で 26 件，自然遺産6 件，複合遺産 2 件の計 34 件ある。海外からの観光客は欧米人が多く，日本人は少ない。

（2）メキシコの地勢と気候

　面積 196.4 万 km^2，人口は 1 億 2,757.6 万人（2019）。首都はメキシコシティで人口2,149.7 万人（2016）。北アメリカ大陸の南部に位置する高原の国である。海岸地方とユカタン半島に平野があり，東・西シエラマドレ山脈が南北に走り，その間に盆地状の高原が広がる。高原地帯の標高は平均約 1,800m ある。

　沿岸部とユカタン半島は熱帯気候（Af・Aw）で年中高温。雨季は 5 〜 11 月でメキシコ湾岸地域では特に高温多湿になる。中央の山岳地域は気温の年変化が少なくしのぎやすい気候である（Cw・H）。アメリカとの国境に近い北部は年降水量が少なく乾燥気候（BS・BW）である。メキシコシティは 1 月平均気温 14.0℃，7 月 17.0℃，年平均気温 16.7℃，年降水量は 1,190.0mm である。

（3）メキシコの地理的特徴

　言語は，スペインの植民地だったのでスペイン語が公用語となっている。その他先住民の言語が話されている。

　民族は，メスチーソ（白人と先住民の混血）60％，先住民（インディヘナ）30％，白人（スペイン系）9％となっている。

　宗教は，キリスト教が 92.4％（カトリック 82.7，プロテスタント 9.7）を占め，ユダヤ教，イスラームなどが信仰されている（2010）。

　3 世紀ごろからユカタン半島でマヤ文明を創造したメキシコの先住民は，14 世紀現在のメキシコシティを中心にアステカ文明を建設する。1519 年コルテスが率いるスペイン人

に侵略され，1521年スペインの植民地となった。1810年から独立戦争が始まり，1821年に独立した。1846年〜48年には領土問題でアメリカ合衆国との戦いに敗北し，テキサスからカリフォルニアなどにあった国土の約55％を失った。1910年に始まったメキシコ革命は1940年ごろまで続いた。1938年石油産業を国有化し，銀をはじめとする鉱産資源も豊富である。現在では，石油産業，工業，観光業が経済の3本柱となっている。

（4）メキシコの世界遺産

文化遺産26件，自然遺産6件，複合遺産2件，合計34件が登録されている。

①古代都市ウシュマル（1996年，文化遺産）

ウシュマルはユカタン半島北西部，熱帯林に囲まれた丘陵地帯にあり，8〜12世紀頃に建造されたマヤ文明を代表する遺跡である。壁面を埋め尽くす切石モザイクの装飾はプウク（マヤ語で「山陵」という意味）様式と呼ばれる。ウシュマルには直線的なピラミッドと違い優美な曲線を描く「魔法使いのピラミッド（小人のピラミッドともいう）」がある。魔法使いの老婆が温めていた卵から生まれた小人が，一夜にして造ったという伝説による。長さ73m，幅36.5m，高さ36.5mの楕円錐形で，卵のようなふくらみを持つユニークな形をしている。5層からなり，60度の急傾斜な118段の階段が，頂上の神殿まで続いている。階段脇には，奇怪な顔で長い鉤鼻を持った雨の神チャックの像が多数並んでいる。

尼僧院は，中庭を4つの矩形の建物が囲んでおり，アーチが美しい。内外の壁面上方にはチャック，蛇神ククルカン，幾何学文様などの切石が隙間なく施されている。尼僧院と

写真 10-1　ウシュマル遺跡
上左：密林の中にある遺跡全景，上右：「魔法使いのピラミッド」
下左：「総督の館」，下右：ベロータの球戯場・石のリング

はスペイン人による通称で，実際には支配者の住居，あるいは神官の神殿だったと推測されている。

　総督の館は長さ96m，幅12m，高さ6mで，優雅な気品と均整がとれた建物である。双頭の蛇やチャックの像，リズミカルな雷紋を描くプウク様式の最高傑作で，正面には双頭のジャガー像と男根像が建てられている。

　球戯場には壁横に丸い大きな穴があいたゴール用の石がある。南部にある高さが32mの大ピラミッドの頂上からは，密林に浮かぶ遺跡の全景が見渡せる。

　16世紀にやってきたスペインのフランチェスコ修道士の記述には「原住民でさえも何者がいつ造ったのかを知らない」とある。さらにもう一人のフランチェスコ修道士の遺稿によると，ウシュマルの都は紀元7世紀の中葉に建設されたという。10世紀にシウ族が中央高原から進出してきて，ウシュマルを占領し「羽毛ある蛇」の崇拝を強制した。ウシュマルのあるプウク地方は地表水が少なかったので，地下水のため池が造られた。雨の神崇拝の風習は，ウシュマルや他のマヤ遺跡から多数発見されている。

②古代都市チチェンイッツア（1988年，文化遺産）

　チチェンツィアはユカタン半島北部，広大な密林の中に散在するマヤのプウク様式とメキシコ中央高原の影響が見られるトルテカ様式が融合した都市遺跡で，10世紀が最盛期であった。チチェンイッツアとは「泉のほとりの水の魔術師」という意味である。南部のエル・カラコルや尼僧院は華麗なプウク様式，北部のエル・カスティーヨや戦士の神殿は浮き彫

写真 10-2　チチェンイッツア
上左：ビラミッド「エル・カスティーヨ」，上右：セノーテ
下左：教会と女子修道院，下右：天文台「エル・カラコム」

りを多用するトルテカ様式となる。この地域にはセノーテと呼ばれる巨大な泉が多く見られ，水源として使用されていた。石灰岩の台地の一部が陥没して鍾乳洞の地下水路が地表に現れたもので，大きな川のないユカタン半島での文明の発展にはセノーテの存在が大きい。この地のセノーテは雨の神チャックが住む“聖なる泉”とされ，雨乞いと豊作を願い金銀とともに生贄として処女や子供が投げ込まれたという。

　中央にあるピラミッドは，羽の生えた蛇の神，マヤの最高神ククルカンを祀る「エル・カスティーヨ（城塞）」と名付けられ，55.3m 四方，高さ 24m の 9 層の基壇上に高さ 6m の神殿が建っている。四面の中央には各 91 段の階段が設けられ，計 364 段あり，神殿前の 1 段を加えて 365 段となる。各面の 9 層の基壇は階段で 18 に分割され，マヤ暦の 18 か月 365 日を表している。毎年，春分と秋分の日の午後には北面の最下段にあるククルカンの頭部像の影が胴体となり，時間とともに石段を這い回っているように見えるのが圧巻である。

　戦士の浮き彫りがある石柱が林立する「戦士の神殿」の前には，仰向けになって膝を立て，上半身を起こした格好の神の死者，死んだ戦士を象徴するチャック・モールの像が立つ。太陽神への捧げものとして腹の上の皿に生贄の心臓を乗せたという。天文台は「エル・カラコル（かたつむり）」と呼ばれる高さ 12.5m の円形の塔で，螺旋状の階段を上ると上部のドームに出る。マヤの人びとは，太陽，月，金星の動きを観察することで，1 年が 365.2420 日と算出し，高度な天文知識を持っていた。

　勝者チームの主将が生贄にされたという球戯場や，生贄の首を晒すために使われた無数の頭蓋骨のレリーフのある台座など，生贄になることを名誉としたマヤ文明の名残が随所に見られる。

③古都グアナファトとその銀鉱群（1988 年，文化遺産）

　メキシコシティの北西 400km に位置するグアナファトは，標高約 2,000m の谷あいに，1554 年建設された植民都市である。1558 年にはバレンシア銀山が発見され，その後の開発で 18 世紀初頭には世界の銀生産の 3 分の 1 を占め，その富で町は繁栄した。金箔を多用したラコンパーニャ教会，グアナファト大学，ギリシャ神殿風のファレス劇場がある。また幅 68cm という狭い路地が続き，夜毎に路地を挟んだ家の息子と娘が口づけを交わしたという「口づけの小道」，ユニークなミイラ博物館などもある。

　町中に張り巡らされた深さ 600m，直径 12m ほどのかつての坑道は，地下歩道や道路として利用されている。ピピラの丘からは，曲がりくねった石畳の細い路地，カラフルな教会や民家が建ち並ぶ，メキシコで最も美しい街並を一望できる。

④ケレタロの水道橋（1996 年，文化遺産）

　ケレタロはメキシコシティとグアナファトの中間で，標高 1,700m 前後にあるケレタロ州の州都である。この都市は豊かな自然と温暖な気候に恵まれ，自動車関連，食品加工，家電製品などの産業が発達し，人口は 119.4 万人（2014）である。

　ケレタロの正式名称はサンティアゴ・デ・ケレタロで，ケレタロという地名は先住民のプレペチャ族の球戯場，または岩のある場所という意味に由来する。この地に古くから居住していた先住民トルテカ族は徐々にオトミ族とチチメカ族との混血が進んだ。1531 年

写真 10-3　左：グアナファトの市街地，右：ケレタロの水道橋

スペイン人がケレタロに入植を開始したとき，この地域には先住民パメス族も居住していた。その後スペイン人の入植が本格化して先住民との混血が進む。現在では人口の約 70％をメスチーソが占め，純粋な先住民は約 4％に過ぎない。

　旧市街をほぼ南北に走るコレヒドーラ通りを境として，西側はスペイン人居住区として開発された地域で，碁盤目状の道路に沿ってバロック様式の建造物が建ち並ぶ。一方，東側は先住民居住区で，曲がりくねった道路が多い。ケレタロは 17 ～ 18 世紀にかけて商工業が発達し，メキシコ第 3 の都市にまで発展した。1810 年に起こった独立運動を画策した都市のひとつである。1864 年に勃発した米墨戦争に伴い，ケレタロは一時的にメキシコの首都となった。また，ナポレオン 3 世のメキシコ出兵でフランスが擁立したメキシコ皇帝マクシミリアンを 1867 年に処刑した舞台としても知られている。

　ケレタロの東部に世界遺産である水道橋が延びている。この町では 18 世紀に入ると工場排水などにより川の汚染が進んだため，飲料水不足が深刻になった。そこで町の資産家や有志が新しい水源を求めて調査し，ケレタロ東部山麓の集落で泉を発見した。水道橋は 1726 年に建設が始まり 1738 年に修道院を終点として完成した。長さは地下水路の部分を入れると約 5km で，そのうち水道橋の長さは約 4km に達した。

　現存する水道橋は修復されたもので長さ 1,280m，最高箇所が地上 23m，ピンク色のアーチを 74 基有し，1996 年世界遺産に登録された。

⑤メキシコシティ歴史地区とソチミルコ（1987 年，文化遺産）

　メキシコシティは標高 2,240m で，三方を 4,000 ～ 5,000m の高峰に囲まれたアナワク高原の盆地に位置する。約 2,134 万人（2015）の都市圏人口を擁するメキシコの首都として発展した。しかし，ここには 14 世紀まではテスココ湖という広大な湖があった。この地にやってきたアステカ人は神託に従い，1325 年に湖を干拓して島を造り街を築いた。それが高度な文明を持つアステカ王国の都テノチティトラン（石のように硬いサボテンの意）の始まりである。都と対岸は何本もの道路で結ばれ，中央にはピラミッドも築かれた。最盛期の人口は 30 万人に達したという。周囲の湖に葦の筏を浮かべ，その上に湖底の泥をすくい上げて人口の浮島「チナンパ」に畑を作り，トウモロコシなどを栽培し食糧を得た。南部にあるソチミルコの水郷地帯には今もチナンパが残っており，これも世界遺産に登録されている。

写真 10-4　メキシコシティ，テンプロマヨール遺跡にあるテノチティトランの復元模型

写真 10-5　メキシコシティのグアダルーペ寺院
左：地盤沈下で傾いた寺院（右）とドーム上の新寺院（左），右：新寺院にあるマリア像

　1521 年，スペイン人のエルナン・コルテスのアステカ征服により旧都は破壊された。アステカ人の政治・文化・宗教の中心地を破壊したその上に，240m 四方のソカロ（中央広場）を中心とするスペイン風の碁盤目状の町作りが始まった。同時に，湖も干拓されてほとんどが陸地に変わった。

⑥古代都市テオティワカン（1987 年，文化遺産）

　紀元前 2 世紀から 6 世紀にわたって栄えた古代宗教都市遺跡。メキシコシティの北東約50km に位置し，最盛期には約 20 万人が暮らしていたが，人口増加，干ばつなどが重なりやがて滅亡した。14 世紀にアステカ人がこの地を再発見し，テオティワカン（神々の集う地）と名付けて聖地とした。

写真 10-6　テオティワカン遺跡
左：死者の大通りと月のピラミッド，右：太陽のピラミッド

南北5km, 幅45mの「死者の大通り」を中心に整然と区画され,「太陽のピラミッド」,「月のピラミッド」,「ケツァルパパロトルの宮殿」などが建ち並ぶ。「太陽のピラミッド」は底辺が216m×228m, 高さ65mで総体積はエジプトのクフ王ピラミッドを凌ぐ。「月のピラミッド」は底辺131m×168m, 高さ46mあり, 王墓ではなく, 宇宙や生命のシンボルとして使用され, 中央階段を上がると素晴らしい眺望が開ける。

（5）カリブ海のリゾート

　カンクンはユカタン半島の突端にあり, 1981年10月に23か国の首脳が集まったカンクンサミットで知名度を上げた。カリブ海とラグーンに挟まれた20kmの細長い砂州がリゾート地として開発された。1970年代初めに観光開発が始まり1986年に外国人訪問客数でアカプルコを上回り, メキシコ最大の観光地となった。

写真10-7　ヤシの葉で屋根を覆うマヤ人住居（ユカタン半島イサマル近郊）

写真10-8　ユカタン半島のリゾート, カンクン（薬師寺浩之）

【コラム】計画都市 ブラジリア

　ブラジリアはブラジル中央部，カンポセラードの真ん中，標高 1,000 ～ 1,200m の高原につくられた計画都市である。行政的にはブラジル 26 州とは別の連邦地区を構成しており，これが広義のブラジリアである。首都を内陸に設置することは，1822 年の独立前後から検討されていた。1889 年に共和制になったブラジルは，1891 年最初の共和国憲法において新しい首都を中央高原に建設することを明記した。1956 年に政権に就いたクビチェック大統領はこれを実行に移し，ブラジルの首都は 1960 年にリオデジャネイロからブラジリアに移った。

　1960 年当時，人口 14 万の連邦地区はジェット機の形をした中心市街地（プラノピロット）と周辺に散らばる 7 つの衛星都市からなっていた。

　狭義のブラジリアには連邦の政治機能がすべて集まっており，諸外国の大使館もここにある。国会議事堂，大統領府（プラナルト宮殿），大統領官邸（アルボラーダ宮殿），最高裁判所，大聖堂，国立美術館など巨匠オスカー・ニーマイヤーがデザインした斬新な建物が人目を引く。ブラジル人には人気の観光地である。計画都市の典型として，1987 年にユネスコの世界文化遺産に登録された。

写真 10-9　計画都市・ブラジリア（フリー写真）

11 オセアニアの観光地域

1. オーストラリア

(1) オーストラリアの世界遺産の魅力

　オーストラリアは，建国されてから 200 年余りの若い国家であるが，この大陸に刻まれてきた歴史は古く，約 2 億年前にあったかつてのゴンドワナ大陸の時代まで遡ることができ，その時代を物語る多彩な自然遺産が見られる。そのため近年さかんになった自然回帰指向や保護活動の場として果たす役割も高まっている。

　大陸中央部に広がる赤茶けた不毛の大地にくらす先住民，アボリジニ。彼らの暮らしは，こうした地域にまでその足跡を残している。砂漠の中にある「ウルル・カタジュタ国立公園」は，エアーズ・ロックの名称で有名だが，アボリジニたちの岩面画が残る聖地として複合遺産に登録されている。同時に北部のアーネムランド半島の「カカドゥ国立公園」にも文字を持たない彼らのメッセージが岩面に刻印されている。私たちは自然の中に溶け込んで生活した先住民の知恵を，現代の保護活動に生かしていく義務がある。オーストラリアの複合遺産が伝える意義を理解することが重要である。

　自然遺産の魅力は，大陸を取り巻く紺碧の海にもある。もっとも有名なのが北東部沿岸に 2,000km にわたって連なるサンゴ礁「グレートバリアリーフ」の素晴らしい景観である。サンゴ礁は色彩豊かな魚が群れ，ダイバーたちの憧れの的となっている。数々のリゾートも点在し，オーストラリア観光の中心である。一方，西海岸の「シャーク湾」にはジンベイザメやジュゴン，鯨といった海洋性動物や魚が集まる聖地がある。さらに南東にある南極海に近い絶海の孤島「マクォーリー島」は，手付かずの大自然の中で動物や魚類のパラダイスとなっており，環境が維持されている。

　変化に富んだオーストラリアの自然と文化は，自ら体験する以外理解できない。風景や建物を見ることが世界遺産のすべてを知ることではない。横たわる悠久の大地と対話し感じることが，オーストラリア流の楽しみ方である。人と自然との共生の道を発見する手がかりを教えてくれるのも，オーストラリアの世界遺産である。

　オーストラリアの世界遺産地域を旅することは，多様な自然や原生の自然，太古からの自然と共存してきたアボリジニの生活や歴史，文化を体験することである。地球を丸々凝縮した種々のタイプの自然の様相，絶滅の危機に瀕する多くの動植物との出会いや，地球の営みが創造した美しく特異な景観に触れることもできる。オーストラリアの旅は，私たち人類が，かけがえのない地球を形成している一員であることを認識できる旅でもある。

(2) オーストラリアの地勢と気候

　面積は 769.2 万 km^2，人口は 2,520.3 万人（2019）を擁する。首都キャンベラの人口

は 42.4 万人（2016）。南太平洋に位置する世界最小のオーストラリア大陸とタスマニア島などからなる。大陸は全体的に低平で，中部から西部の国土の 3 分の 2 は安定陸塊のオーストラリア楯状地と卓状地である。東部に古期造山帯のグレートディヴァイディング山脈が南北に伸びる。東南部のマリーダーリング盆地は国内最大の穀物生産地帯を形成し，西部台地はおおむね砂漠である。

　内陸部を中心に国土の 70%は乾燥気候（BS・BW）で降水量が少ない。北部は熱帯に属

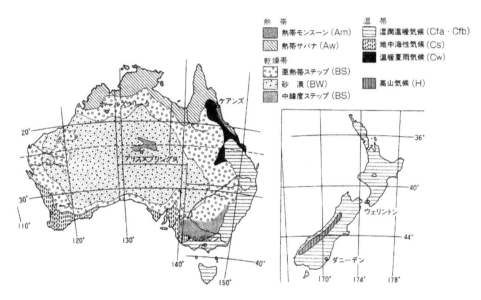

図 11-1　オーストラリアとニュージーランドの気候
（『図説 世界の自然環境』による）

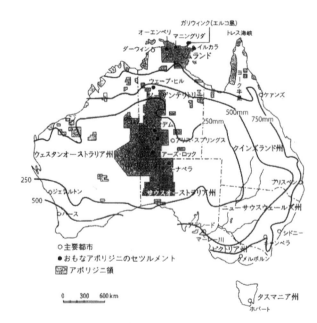

図 11-2　アボリジニの保護区と年降水量
（『図説 世界の地誌』による）

写真 11-1　左：キャンベラの国会議事堂，右：シドニーのオペラハウス

し北東モンスーンの影響で，夏季の 12 ～ 2 月に多雨となるが，冬季の 4 ～ 8 月は乾燥が激しい熱帯気候（Aw）となる。東部海岸地域は温帯（Cw・Cfa・Cfb）で，南部と南西端には地中海性気候（Cs）が分布する。

　シドニー（Cfa）は 1 月平均気温 22.9℃，7 月 11.2℃，年平均気温 18.2℃で，年降水量は 1032.5mm の温暖な気候である。

（3）オーストラリアの地理的特徴

　民族は，ヨーロッパ系 90.2％，アジア系 7.3％，アボリジニ（先住民）2.5％となっている（2007）。

　言語は，英語（公用語）78.5％，中国語 2.5％，イタリア語 1.6％，ギリシャ語 1.3％，アラビア語 1.2％，ベトナム語 1.0％，ほか先住民の言語がある（2006）。

　宗教は，キリスト教 63.9％（カトリック 25.8，聖公会 18.7 など），仏教 2.1％，イスラーム 1.7％，ヒンドゥー教 0.7％が信仰されている（2006）。

（4）歴史

　1770 年イギリス人ジェームズ・クックがシドニー南部のボタニー湾に上陸し，領有を宣言する。1788 年イギリスから流刑囚を含む最初の移民団が到着する。1828 年全土がイギリスの植民地となった。1851 年には金鉱が発見されゴールドラッシュに湧いたが，アジアなどの欧米以外からの移民が急激に増加して摩擦を生み，白人の優越を原則とする白豪主義が強化された。1901 年 6 州によるオーストラリア連邦が成立。1931 年事実上独立した。1972 年労働党が政権に復帰，翌年労働党政権が移民の人権差別条項を撤廃し，白豪主義が廃止された。1975 年の「人種差別禁止法」により，多民族・多文化社会を進めている。

（5）オーストラリアの見どころ

　文化遺産 4 件，自然遺産 12 件，複合遺産が 4 件世界遺産に登録されている。自然遺産の数は世界一である。以下にタスマニア島と，ウルル・カタジュタを紹介する。

①タスマニア島

1）タスマニア原生地域（1982年，1989年拡大登録，複合遺産）

　タスマニアには貴重な原生林の森と，島の営みとともに暮らしたアボリジニの歴史があった。険しい山々や谷間，それらに囲まれた湖は，氷河作用によって形成された。クレードル山（1,545m）周辺では，氷河により侵食されたU字谷が形成されている。セント・クレア湖は氷河の侵食によってできた，オーストラリアで最も深い湖（水深167m）である。湖の南西には雪解け水によって100以上の湖沼が形成されている。

　フランクリン，ゴードン川といった大きな川が壮大なタスマニアの景観をつくっている。ゴードン川は世界遺産の登録により，生態系の破壊を招くダム建設が回避された。タスマニア島の西部の年間降水量は2,000mm以上で，原生林にとって理想的な気候となっている。タスマニアの原生林は，亜南極とオーストラリア固有の植生のユニークな組み合わせである。高山ではミナミブナなど亜高山帯の針葉樹林帯が見られ，これは南半球の原始大陸，ゴンドワナ古大陸時代の植物相の遺産とされている。ミナミブナと共存しているのが，オーストラリア独特の樹種，ユーカリ種のような広葉樹である。亜南極に位置しながら，雨の多い温暖な気候に支えられた原生林ならではの自然の不思議を発見する。しかし，タスマニア島では毎年200km^{2}の森林が伐採されているため，原生林が残っているのはこの

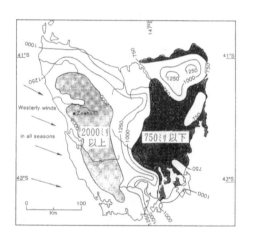

図11-3　左：タスマニア島全図，右：タスマニアの年降水量と風向
（『図説 世界の自然環境』による）

写真11-2　左：絶滅したタスマニア・タイガーと，右：タスマニア・デビル（タスマニア博物館）

地域だけになってしまった。

2）珍種の動物・鳥に出会う

　タスマニアに生息する動物の種類は豊富である。特にオーストラリア大陸から切り離されたために，島固有の種が多く存在している。タスマニアデビルは夜行性の哺乳類で別名をフクロアナグマと呼ばれる珍獣で，体長60cmと世界最大の肉食有袋類である。小動物を鋭い牙と発達したあごでズタズタに肉を引き裂いて食べる。かつてここにはタスマニア・タイガー（フクロオオカミ）といった固有種が生息していたが，1936年に絶滅した。これより前の1854年にはタスマニアアボリジニも絶滅している。

3）3万年前の生活を物語るアボリジニの芸術岩面画

　アボリジニの先祖は3万年前北方よりやって来た。当時の彼らの生活を教えてくれるのは，島内に点在する洞窟の岩面画である。サウス・ウェスト国立公園の中心に位置するジャズ洞窟は，彼らが集会を開いていたと思われる巨大な洞窟である。洞窟内に描かれている岩面画は，ステンシル技法と呼ばれるもので，壁の上に手を強く押し付けて型をつくり，型の上に顔料や油，血をふりかける。ジャズ洞窟の画は非常に薄い石灰質の炭酸塩の膜で守られており，耐久性に優れている。少なくとも1万年以上前に描かれたものと推定され，同様の技法のステンシル画はタスマニアの他の遺跡でも数多く発見されている。

　またクティキナ遺跡では，世界で最も南に位置する人類の痕跡を見ることができる。ここでは，2万年前のものと思われるカンガルーの骨を使ってつくられた生活道具や，牛の骨でつくられた古代のカヌーなどが見つかっている。アボリジニがタスマニア島に到達し生活するようになったのは，氷河期に島の北部とオーストラリア大陸の南端が巨大な氷の塊で繋がっていたからである。3万7千年前に存在した氷の陸橋は，温暖化とともに海の下に沈んでしまった。

4）流刑地，ポート・アーサー（オーストラリア囚人遺跡群の一つ，2010年，文化遺産）

　州都ホバートの南東約100km，タスマニア島のほぼ東南端にあるポート・アーサーは植民地時代，多くの流刑者が送られてきた監獄の地として知られている。18世紀末頃からイギリスで罪を犯した囚人たちは，開拓労働者として次々にオーストラリア大陸に送られた。そしてここポート・アーサーは，最初の流刑地であるオーストラリア大陸でさらに新たな罪を重ねた者が送られる，2次流刑地であった。この地への流刑は，1830年から1877年までの47年間にわたっておこなわれ，「監獄の中の監獄」として厳しい拷問や苛酷な労働が毎日のように繰り広げられていた。獄舎跡，監視塔，造船所，石造りの教会などの遺構が残っている。

②ウルル・カタジュタ国立公園（1987年，複合遺産）

　総面積1,326km²に及ぶ生物保護区として，またアボリジニの聖地として有名。オーストラリアのほぼ中央にあり，世界最大級といわれる一枚岩，エアーズ・ロック（ウルル山標高867m，麓からの高さは348m）の存在は大きい。先住民族のアナング族たちはこの岩を創造主の力が宿る神聖な場所として祀った。ここは彼らのピジャンジャジャラ方言で，ウルル（日陰の場所）と呼ばれていた。

　もうひとつのシンボル，オルガ山（1,069m）もカタジュタ（たくさんの頭）の名で呼

写真 11-3　左：ウルルの巨大岩（原　眞一）ウ，右：アボリジニの岩面画（フリー写真）

ばれる。1950年代からこの地の観光開発が始まった。そのころオーストラリア政府は，この地域を南西部アボリジニ保護区から収用し，国立公園に変えてしまった。しかし，この地域の住人であったアボリジニ，アナング族の人びとは返還を求め法廷闘争を続け，国に国立公園として貸与するという条件付きで彼らの所有権は認められた。以来，ふたつのシンボルは彼らの言葉で呼ばれるようになった。洞窟内にはステンシル技法で描かれた岩面画が残されている。

2．ニュージーランド

（1）ニュージーランドの観光概観

　南半球の温帯の島国，そして火山国，温泉国である。北島にはロトルアの大温泉地域があり，南島にはサザンアルプスにアオラキ（クック山）がそびえている。さらに，氷河が刻んだミルフォードサウンドのフィヨルド地形や，牧場で飼育されている羊の群れなど，素晴らしい観光景観が多い。

　ニュージーランドの自然保護に対する考え方は，マオリの首長のことばに集約されている。「自然の宝は，時を超えて存在するが，人間のつくるものははかない」という考え方である。キリスト教の教義と異なり，マオリの人たちの自然崇拝，遠い祖先への尊敬の念，そうした信念に培われた環境への考え方が，国全体の政策にも影響を与えている。

　ニュージーランドは，インド・オーストラリアプレートに太平洋プレートがぶつかり潜り込んでいる上に位置する。マオリの伝説は，ハワイ島の火山の女神ペレ伝説の延長線上にある。遠い祖先は未知の土地を求めてミクロネシアからこの地に上陸し，北島のトンガリロ山の頂上に生贄を捧げ，神の怒りを鎮めたという。ニュージーランドもハワイも火山に関係した伝説の中に，信仰との深い結びつきや生贄を捧げる儀式があるという共通点がある。どこの自然を見ても，マオリがこの国を呼んだ「アオテアロア」（白く長く雲のたなびく国）そのもので，新鮮な感動に私たちは包まれる。

（2）ニュージーランドの地勢と気候

　面積は27.5万km²で日本の約4分の3，人口は約504万人（2019）。首都はウェリントンで人口20.7万人（2016）。南太平洋の南西部にある島国で，北島と南島，周辺の島々

からなる。環太平洋造山帯の一部で，北島には火山が多く，南島にはサザンアルプス山脈が走り，氷河地形も見られる。ニュージーランド領としてチャタム諸島，トケラウ諸島などがある。

気候は緯度が高い割には穏やかな西岸海洋性気候（Cfb）で，夏は冷涼，冬は温暖で降水量は1年を通して平均しており，西ヨーロッパと同様の気候である。降水量は偏西風のあたる西岸のほうが多い。

首都ウェリントンは1月平均気温16.6℃，7月8.8℃，年平均気温12.6℃で，年降水量は1,256.0mmである。

(3) ニュージーランドの地理的特徴

民族は，ヨーロッパ系70.2％，マオリ人（9世紀頃ポリネシア文化を受け継いでやってきた人びと）16.5％，アジア系15.1％，太平洋系8.1％，その他2.7％（2018）である。2018年の国勢調査で混血等により複数の民族を選択したため100％を超える。

言語は，英語（公用語），マオリ語（公用語），サモア語がある。手話も多いのが特徴である。

宗教は，2018年の国勢調査ではキリスト教36.5％，無宗教42.8％となっている。

ニュージーランドは畜産がさかんである。平野部では主に羊・肉牛の放牧や酪農が行われており，チーズ，バターなどの乳製品や羊毛，羊肉，牛肉はこの国の重要な輸出品となっている。

(4) ニュージーランドの見どころ

世界遺産は自然遺産が，テ・ワヒポウナム＝南西ニュージーランドと亜南極諸島の2件，複合遺産がトンガリロ国立公園の1件で，計3件が登録されている。

図11-4 ニュージーランドの地形概観
（『図説 世界の自然環境』による）

写真 11-4　左：アオラキ（クック山）とタスマン氷河，右：セスナ機でタスマン氷河に降りる

写真 11-5　左：トンガリロ国立公園の山々，右：成層火山のナウルホエ山

写真 11-6　マオリの踊り

①テ・ワヒポウナム＝南西ニュージーランド（1990年，自然遺産）

　4つの国立公園をもち，面積約2万7,700km^{2}と国土の約1割を占める。北部に位置するマウント・クック国立公園は，ニュージーランド最高峰アオラキ（クック）山（3,754m）を擁する内外に人気の高い国立公園である。山麓のトレッキングやプカキ湖でのフィッシングを楽しむため，毎年多くの観光客が訪れる。もうひとつの見どころであるタスマン氷河には，セスナ機やヘリコプターで上空から見るだけでなく，氷河の上に着陸して歩いたり，スキーで氷河を下ったりする魅力あるツアーがある。一方南島南西角を占めるフィヨルドランド国立公園には，氷河によるフィヨルド，U字谷，湖が多く見られ，手付かずの自然が残っている。年間のトレッキング人数も制限するなど，保全対策がとられている。

②トンガリロ国立公園（1990年，複合遺産）

　北島にあるこの公園はイエロー・ストーン（アメリカ合衆国），ロイヤル（オーストラリア），バンフ（カナダ）に次いで1887年に世界で4番目に誕生した国立公園で，単にナショナルパークと呼ばれる。トンガリロ一帯はマオリの聖地だった。首長のテ・ヘウヘウ・

ツキ4世は，永久保全を条件に土地を政府に寄贈することで聖地を守り通した。公園には北島最高峰のルアペフ（2,797m），富士山そっくりなナウルホエ（2,291m），トンガリロ（1,967m）の3峰がある。火山が織りなす自然美だけでなく，先住民の信仰，伝統，思想など文化的側面も有していることから，複合遺産として登録された。

 【コラム】ポリネシア文化の遺産

　ポリネシアとはたくさんの島々という意味で，南のニュージーランド，東のイースター島，そしてハワイの3つを結んだ三角形をポリネシアン・トライアングルという。東の頂点をなすイースター島は，1722年のイースター（復活祭）の日に発見されたことからこの名がついた。正式名称はチリの公用語であるスペイン語でイースターを意味する「パスクア」島である。

　人口増加による生態系の破壊や，19世紀に多くの島民が奴隷として連れ去られたこと，天然痘の流行などが原因で人口が激減して以来，島の文化は途絶え，今も文化や歴史に関して謎が多い。島の西南部のオロンゴ岬には，先住民族が信仰する最高神マケマケに捧げる祭事場の跡も残る。この島は3つの火山を頂点とする三角形の島である。人間が居住するようになって以来，火山活動は一度も起こっていない。

　10世紀頃モアイを建て始めたのは，ポリネシア系の長耳族であった。南米から短耳族が移住してくると，5～7mだったモアイが巨大化し，10mを超える像もつくられるようになった。16世紀頃に始まった部族間の衝突により，互いのモアイを倒しあう「フリ・モアイ」が起こり，続く18世紀には島の権力が貴族階級から戦士階級に移ると，モアイ像はつくられなくなった。

　モアイ像に使われている石は，かつて石切り場だった島の東部にあるラノ・ララク火山周辺で採れる軟質の凝灰岩である。モアイ像がつくられた理由は，貴族階級の先祖を祀るためという説が有力である。1995年ラパ・ニュイ国立公園は文化遺産に登録された。ラパ・ニュイとは先住民たちのことばで「輝ける偉大な島」という意味である。

図11-5　イースター島，アフ（モアイの乗る台座）の分布図
（『文明崩壊』ジャレド・ダイヤモンド著，楡井浩一訳，草思社，2005による）

3. フィジー

(1) フィジーの地勢と気候

　面積 1.8 万 km²，人口は 89.0 万人（2019）の国で，首都スバの人口は 7.4 万人（2007）である。南太平洋上の中央部に散在するビチレブ島，バヌアレブ島など大小 300 余の島からなる。北方には，保護領のロトゥーマ島がある。

　フィジー諸島は南太平洋の日付変更線の西側に位置し，コロ海を取り囲むように島々が東経 175 ～西経 177 度，南緯 15 ～ 22 度の間に散在している。東側のラウ群島は低平なサンゴ礁からなっているが，西側の島々は火山起源で山がちである。フィジー諸島の多くは玄武岩などの火山岩や変成岩で構成されているが，沿岸部の低地では砂岩や泥岩などからなる沖積層が堆積している。フィジーの低地はかつて海面下にあった。海水面は 4,000 年前には今より 1.5m は高かったと推測されている。それ以後，海面は下がり，かつての海岸線が露出している。隆起海岸の崖やサンゴ礁の表面にもしばしばかつての海岸の跡を見ることができる。

　気候は全島が熱帯気候（Af）で，年中高温多雨である。南東貿易風の影響を受けて 5 月～ 11 月は，夜間は涼しく降雨も少ない。この穏やかな熱帯海洋性気候には，2 つの特徴がみられる。1 つは多くの島々で風上側（南東）で雨量が多く，風下側（北方と西方）でやや乾燥する地域とに明瞭に区分されること。2 つ目は 11 月から 3 月にかけてサイクロンが到来することである。

　ビチレブ島の東部に位置する首都スバは，1 月平均気温 26.2℃，7 月 22.6℃，年平均気温 24.6℃で，年降水量は 2,893.9mm の湿潤な気候である。

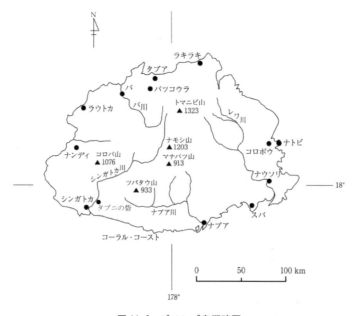

図 11-6　ビチレブ島概略図

（2）フィジーの地理的特徴

　ここではフィジー諸島の最大の島であるビチレブ島を取り上げる。この島の海岸地域は海抜30m以下であり，狭い帯状を呈している。さらに海抜30〜300mの丘陵が広く連なり，海抜1,000mを超える山地が中央部に存在している。最高峰は1,323mのトマニビ山である。

　熱帯の気候と山がちな地形であるため，川の本流や支流沿いの沖積地（現地ではビラという）や低地，河岸段丘，丘陵，山地斜面に広がる耕地にはタロイモ（現地ではダロと呼ぶ）やヤムイモといった伝統的な根茎作物の他にタバコ，トマト，ヤンゴーナなどの商品作物が栽培されている。また，コーラル・コーストから西方のナンディ，ラウトカ，バに至る低地から山地斜面にかけては，サトウキビやフィジーパイン（フィジー松）が多く栽培され，逆にコーラル・コーストから東方のナブア，スバに至る島の南岸にかけては，雨量が多く湿度も高いため，サトウキビは見られず，熱帯雨林が多く分布している。また，1911年に持ち込まれたマホガニーの林も随所に見られる。サトウキビ，フィジーパイン，マホガニーはフィジーの重要な輸出作物となっている。

　フィジーは1874年にイギリスの保護領となった。1879年にはサトウキビ栽培の労働者としてインド人が来島する。以後1916年に契約移民制度が廃止されるまで，インド人労働者が移住して現在に至る。そのため，フィジー人が56.8％，インド系が37.5％という民族構成になっている。従って，英語，フィジー語，ヒンディー語が公用語で，宗教はキリスト教（メソジスト派が多い），ヒンドゥー教，イスラームとなっている。

写真11-7　左：スバ市内の市場，右：サトウキビの収穫（西海岸ラウトカ近郊）

（3）フィジーの見どころ

①南太平洋随一の大型リゾート，ナンディ・エリア

　一年を通じて雨が少なく，好天に恵まれるナンディ・エリアは，国際空港に近いという地理的条件を活かした大規模なリゾート開発が進められ，さらに大きなリゾート地区になろうとしている。ナンディはフィジー各地への空と海の玄関口にあたるので，旅行者にとっても移動に便利である。

②シンガトカ大砂丘国立公園

　シンガトカ川の河口に広がるこの砂丘は，川が運んだ銀色の砂が長い年月をかけて35

写真11-8　左：シンガトガの砂丘，右：コーラル・コーストの隆起サンゴ礁海岸

〜 40mの高さに堆積したもので，河口付近にはサンゴ礁が発達せず，太平洋の波が直接押し寄せる作用でこのような砂丘ができた。1989年にフィジーで初めての国立公園として認定され，ナショナル・トラストの管理下になった。それ以来整備が進められ，一周1時間のハイキングコースや，絶景を堪能できるビューポイントなどを設置した。また，紀元前の人骨の化石や土器が発掘され，フィジー人のルーツを探るヒントとして考古学的にも注目されている。

③タブニの砦

　シンガトカの北4km，シンガトカ川に沿って北上し，ナロロ村を過ぎたあたりにある砦がタブニの砦である。祖国をカヌーで脱出し，コロトンゴ，そしてタブニに移り住んだトンガ人によって築かれたという。以前はこのような砦はフィジー各地で見られたが，戦乱による破壊によって，今では数えるほどしか残されていない。砦の周りに暮らす人びとは食人の習慣があった。ここで支払う入場料は，地元の村の援助のために使われている。また，タブニの砦ツアーができ，ひとつの観光コースとなっている。

④クラ・エコ・パーク

　コロトンゴ村にある野鳥園。フィジー全域やオーストラリアなど，世界各地から集められた貴重な鳥がいるほか，イグアナやコウモリなど，普段見る機会のないものばかりが見られる。また，植物園としても評価されている。ブッシュウォークが楽しめるし，ピクニック場やバーベキュー施設もある。また，子供向けのプレイグラウンドや，ポニーでの乗馬も楽しめる。地元の小学生たちが先生と一緒に園内で授業をしているように教育の場ともなっている。

⑤南太平洋大学

　南太平洋唯一の総合大学としてスバに創建された。東京ドームの約30倍の広さを誇るキャンパスは3つに分かれている。メインキャンパスは社会，経済，太平洋学，工学などの学部の他に，学生組合，学食，ユニオン・ショップもこの中にある。ユニオン・ショップでは大学のロゴ入りのシャツなどもあり，土産物が入手できる。フィジーに関する書籍も充実している。

⑥フィジー博物館

　スバにあるこの国最大の博物館で，入り口を入ると，中央に大きなカタマラン（双胴船），その周りにカヌーのオールや漁に使った道具などが展示されている。さらにその先には，

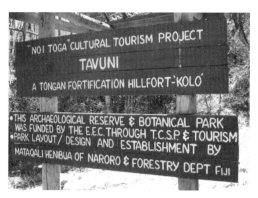

写真 11-9　左：タブニの砦の案内板と，右：現地案内

写真 11-10　フィジー博物館の展示，左：カタマラン　右：伝統的民具

写真 11-11　左：ビレッジツアーでのカバの儀式，右：ロボ料理の実演（コーラル・コースト）

フィジーの生活用品や武器の展示，歴史に関する展示など内容が充実した博物館である。

⑦その他

　ホテルでの伝統料理・ロボの実演，メケダイスの舞踊，周辺の村へのビレッジツアーなどもさかんに行われ，地元との触れ合いの機会も多い。

12 観光地理学の可能性と課題

21世紀は「観光の世紀」になると言われてきた。観光への関心の高まりの背景には，観光が基本産業の一つになるという予想と期待があった。観光は多くの雇用を生み出し，村づくり・まちづくりに貢献してきた。観光客の存在は，グローバリゼーション下での市民の交流を意味した。観光は莫大な富をもたらすが，リスクも大きい。どんなリスクが潜んでいるのか。そのリスクに観光地理学はどう立ち向かっていくのか。考えてみよう。

1. インバウンド観光に揺れる「国境の島」対馬

対馬は九州本土と朝鮮半島の間にあり，対馬島と107の小さな島からなる。東西18km，南北82kmの細長い島で，万関瀬戸付近の東西幅は約500mしかない。万関瀬戸より北は上島，南は下島と呼ばれている。9割近くは山林で，山地が海岸まで迫っている。集落や耕地の多くは湾の奥にあるわずかな平坦地にある。

1968（昭和43）年に国道382号（対馬縦貫道路）が全通するまでは，上島の中心地である比田勝と下島の中心地である厳原（いづはら）両地区の往来は海路に頼っていた。

対馬は2004（平成16）年3月1日に6町（厳原町・美津島町・豊玉町・峰町・上県町・上対馬町）すべてが合併して対馬市となった。市役所は厳原に置かれている。人口は1960（昭和35）年に約7万人であったが，2005年には約3万8,000人，2015年には3万1,457人と減少が続いている。

対馬は行政的には長崎県であるが，フェリーやジェットフォイルは福岡市の博多港と結ばれ，経済面でも福岡市に大きく依存している。韓国の釜山から49kmの位置にあり，高速船を利用して1時間で結ばれている。2018（平成30）年の対馬観光客は約41万人でその多くが韓国からの人たちであった。韓国からの旅行者が対馬の経済を潤していて，対馬にとって観光が大きな柱となっていた。

ところが2019年10月以降日韓関係は悪化した。2019年は3割減の28万人となり，対馬への韓国人観光客は大幅に落ち込んだ。この現状をみた国は支援に乗り出した。具体的には外国人の有識者を地域に招き，多言語の案内文や交通アクセスといった受け入れ環境のほか，地域が持つ観光資源などを調査する。どの国・地域や客層をねらって旅行商品を今後売り込むかなどの戦略づくりを支援する。新たな観光資源づくりや旅行会社を招き，地域を宣伝してもらうなどの取り組みを支える。

対馬は今までのように韓国に依存するのではなく，日本を含め他の地域からの観光客を呼び込むように方向転換したい。観光資源の調査やどの国・地域や客層をねらって旅行商品を売り込む戦略づくりなどは，観光地理学が得意としている分野であり，観光資源づくりや戦略づくりに地理学者は積極的に参画すべきである。

一方，韓国も日本との関係が悪化したため変化が見られる。ソウルに2019年10月に

北朝鮮をコンセプトにした飲食店「平壌酒場」がオープンした。以前同じ場所に日本風居酒屋があったが，関係悪化のあおりで売り上げが落ち，経営者は思い切って改築した。ソウルの繁華街で「うまい京都」という居酒屋を経営していたが，不買運動で売り上げは半減し，北朝鮮をコンセプトに建て替えることに決めたという。保守層の批判もある中，北朝鮮風酒場は南北男女のラブストーリー，「愛の不時着」の視聴率が高まるにつれ人気の店となっている。

2．地球温暖化の影響

　科学雑誌「エンヴァイロメンタル・リサーチ・レターズ」2014 によると，気候変動によって，文化遺産，複合遺産 720 件のうち気温が 3℃上昇すると 136 の遺産が水没し，5℃上昇すると 149 の遺産が水没するという。パラオ共和国は海面が 1993 年以降，毎年 9mm 上昇している。パラオの世界遺産「ロック・アイランドの南部ラグーン」は水の中に沈んでしまう。

　また気候変動は地球環境を大きく変化させる。ワインの原料であるブドウは温暖化によって発生する霜害に弱い。多くのワイン産地で栽培されているメルローはとくに弱い。フランスの世界遺産サンテミリオンはワインの名所で知られているが 2017 年 4 月に霜による被害が出た。サンティアゴデコンポステラの巡礼者たちの楽しみであるおいしいワインが失くなるおそれが出てきた。

3．新型コロナウイルスの危機に震える世界

　中国南部の工業都市，湖北省武漢で 2019 年 11 月に感染者が初確認されたとみられる謎の新型コロナウイルスは，瞬く間に全世界に蔓延した。中国からアジアに広がった後，欧米で猛威を振るい，地球上のほぼすべての国で感染者が発生した。多くの国が外出や入国を制限した。医療崩壊の危機を招いており，世界経済は深刻な状況に陥っている。

　武漢市で食用の野生動物が扱われていた海鮮市場と接点のある病人が多数見つかり（一説には，キクガシラコウモリを食べた人が感染したという），衛生当局は原因不明の肺炎患者を確認したと 2019 年 12 月 30 日に医療関係者らに通知した。感染者は中国国内で増え始め，世界保健機構（WHO）は 2020 年 1 月 30 日に緊急事態を宣言した。

　東アジアから東南アジアやヨーロッパに広がり，感染者が 1 万人を超えたのは 2 月 1 日，3 月 6 日に 10 万人を上回ったころには，南極大陸を除く五大陸に拡大していた。ヨーロッパではイタリア北部，中東ではイランの宗教聖地コム，東アジアでは横浜港に停泊したクルーズ船「ダイヤモンド・プリンセス」など第 2 の感染中心地からさらに広がり，WHO は 3 月 11 日「パンデミック（世界的大流行）」と断言した。

　中国政府が厳格な都市封鎖，外出制限を実施し，感染抑え込みに成功した一方で，ヨーロッパの感染は一気に加速した。外出規制を敷いたものの対応が後手に回り，スペイン，イタリアの感染者は激増した。イギリスは 18 万人，ドイツは 16 万人，フランスは 13 万

人を超えた。

アメリカでは東部ニューヨークを中心に拡大し，3月26日には感染者数が世界最多になり，4月28日には100万人を超えた。貧富の格差を反映して非白人層で死者が続出した。死亡率は検査態勢が充実した国ほど低く，飲酒喫煙の生活習慣を持つ男性や高齢者ほど高い。

アフリカでは，外出制限を課すかどうかで各国が対応に苦慮している。制限を課せば，失業など貧困層が打撃を受ける。南アフリカ共和国は外出を制限しつつ巨額の経済支援を打ち出した。ガーナは早々に制限を解除した。ケニアは「仕事がないと飢え死にする」との住民の声を背景に，全面制限に二の足を踏んでいる。南アフリカ共和国で55万9859人が感染し，死者は1万0,408人を超えた（2020年8月10日現在）が，全面的な外出制限の実施を見送る国は多い。アフリカの人びとにとって感染よりも飢えのほうが怖いのだ。

世界全体の死者数は4月25日に20万人を突破した。ジョンズ・ホプキンス大の集計によると，8月10日現在で世界全体の感染者数は2,000万人を超え，死者は73万人に達した。これは三大感染症のマラリアの死者が40万人（2018），エイズ69万人（2019）を既に超えた。9月には死者は100万人を超えた。2021年3月現在，死者は272万4,305人（米ジョンズ・ホプキンス大の集計）となり，結核の150万人を超えた。

一方，日本の感染者は2021年3月24日現在，感染者は46万1,742人，死者8,956人となっている。

今回の新型コロナウイルス感染拡大は，これまで世界が歩んできた経済優先一辺倒，グローバル化，IT化の在り方への警告である。日本は食料を外国に依存し，食料自給をおろそかにしてきた。このまま貿易が滞ると食料の輸入に影響が出て，日本の食卓は寂しいものになる。小麦粉やバターの不足で「子どもたちのパンやお菓子がつくれない」と嘆く母親たちがいた。

また，外国からの観光客の増加に依存しようという政策も破綻をきたしている。2020年3月の訪日外国人客数は19万3,700人で，海外との行き来が大きく制限されたため9割減となった。訪日客数の急減は，恩恵を受けてきたバス会社や観光業者の経営に深刻な打撃を与えている。関西空港は，関西の空の玄関口として，利用者は増加し2019年の利用客は3,191万人だったが，2020年4月15日，国際線の乗客がゼロになった。ゼロになるのは2018年9月に台風21号で冠水して以来という。訪日客の減少はホテル業界にも打撃が大きい。観光業界は収束も見えない状態が長期化し厳しい日々が続いている。

さらに，ネット社会にも大きな落とし穴がある。誤った情報がネット上であふれている。マスクや消毒スプレーが市場から消え，ネット上で高価な値で売られていた。

新型コロナウイルスの感染拡大で，社会的弱者が犠牲になることが問題である。一番に解雇されるのは非正規雇用者であり，倒産するのは中小や個人の事業である。

今回の新型コロナウイルス感染拡大は，生活の在り方（便利で簡単なほうがいい），経済的な考え方（儲かったらいい，安いほうがいい），という価値観をもう一度考え直すきっかけを私たちに与えてくれた。ここにジャーナリストの天笠啓祐さんの言葉を紹介する。

「社会の基本はモノ作りである。第一次産業，第二次産業が中心に位置づける社会を実現すること。食料の自給率を上げること。そのためには農業・漁業といった第一次産業こそが社会の礎であるという認識が必要である。さらに，環境を優先する政策も必要である。先進国の多くが気候変動への対応が不十分で，経済活動のために生物多様性も守らなかった」。

　生物多様性が失われると，それがウイルスの宿主に影響し，ウイルス自体が生き延びるために変化する。特に熱帯雨林の破壊は，エイズ，エボラ出血熱，西ナイル熱のウイルスを文明社会へもたらした。すべては経済優先のため，という考えを捨てるべきである。

　今回のコロナ禍で最も打撃を被ったのは観光業である。利潤追求型からの脱却，持続可能な観光の実現，体験型や教育目的の観光の充実（例えば田植え・稲刈り・棚田での農作業・茶畑での茶摘みと茶葉作り・地引網による魚釣り）など，観光地理学はコロナ禍後の新しい観光の在り方について，最も適切な助言をすることができると考えている。

あ と が き

　北九州市の小倉で生まれ八幡で育った私にとっての旅の思い出は，修学旅行である。小学校は中津から別府温泉，中学校は奈良・京都・大阪，高校は東京だった。特に高校の旅行は忘れられない。担任団の熱い想いがあって，東海道ではなく，中山道を通って東京へ入るコースだった。名古屋まで夜行列車で行き，松本，軽井沢で泊まり，東京までバスで移動し，東京で一日の自由行動の後，再び夜行列車で八幡に戻る行程で，快適な旅ではなかった。

　近年，高速鉄道，高速道路，航空交通が発達し，格安航空券が販売されると，海外旅行も容易になった。1970 年代以降旅客機の大型化，輸送量の増加もあってパッケージツアーが導入され，日本人の海外旅行ブームが始まった。

　1990 年になると私もようやく海外へ行けるようになった。同じ仏教国でありながら，観光先進国であるタイと後進国ミャンマーとの違いは，人びとのくらしの中に見ることができる。「本当の豊かさ」とは何か？　私たち旅人には子どもの瞳の輝きが教えてくれた。フレンドリーな人びとが住むミャンマーの政情が早く安定してほしい。

　パッケージツアーの中に民族舞踊の鑑賞がある。この民族舞踊は伝統的なものとは限らない。観光舞踊として構成し直されていることがある。貧しい人びとが生活のために踊っていても，手元に入る日当は少しである。

　アフリカの大国の中にある小国エスワティニとレソトは，温帯気候でしのぎやすい。観光に力を入れるエスワティニと，「アフリカのスイス」と呼ばれ，サーモントラウトの養殖に力を入れるレソト，2 国の国民はともにエイズに苦しんでいる。

　ビーチリゾートの中には，映画のロケ地で有名になり観光客が増加したところがある。タイのピーピー・レー島では，それまで無人島だったところへ多くの観光客が押し寄せ，環境破壊が進んだ。そのため，生態系が回復するまでの無期限閉鎖となった。

　人類の至宝である「世界遺産」の中には，バーミヤン渓谷の古代遺跡群のようにタリバン政権によって破壊された「危機遺産」や，原爆ドームやアウシュヴィッツの収容所のような，人類の犯した過ちを記憶にとどめる教訓としての「負の遺産」もある。世界遺産に登録されると，国の大きな観光資源となり経済効果を生む一方で，そこに住む人たちの本来の生活が失われていることも忘れてはならない。

　以上のように，本書では世界の観光地域を紹介しながら，観光地域が抱えている課題を指摘した。「利潤追求型観光からの脱却，野生生物や固有の生態系を守る持続可能な刊行の実現，体験型や教育目的の観光の充実など，新たな観光の在り方を考えるべきである。観光客を受け入れる側もともに満足し，幸福感が得られる観光でありたい。貧しい人たちを観光で救いたい。」これらの実現に向かって，方法と実践を考えていきたい。

　執筆中に新型コロナウィルス感染症が拡大し，2 度の緊急事態宣言が出された。「GO TO トラベルキャンペーン」も中断され，観光にも多大な影響を及ぼし，観光地域が被ったダ

メージは計り知れない。これに関しては「コロナ後の観光地域」（仮称）を現地にも赴いてまとめてみたいと考えている。

　本書を執筆するにあたって，多くの方々にお世話になった。薬師寺浩之さんには多数の写真と貴重な資料や助言を，原　眞一さん，北田晃司さんには各地の写真を提供していただいた。ありがとうございました。編集は古今書院の原　光一さんと太田昌勝さんの担当で写真や図表の修正などの細部にわたって多くの時間を割いてくださった。厚くお礼を申し上げます。

　なお，いつも傍にいてチェックを入れる夫の勝には今回の執筆にあたり，写真の提供と編集，本文の修正や校正に，私以上に努力してくれた。勝がいなければ，本書は完成していなかった。撮影者名のない写真は勝の撮ったものである。本当にありがとう。多忙な折には家事を手伝ってくれた母と子供たちや孫たちにも感謝している。

　2021 年 3 月

チューリップが咲いたと喜ぶ孫たちと

辰己眞知子

参 考 文 献

アエラムック『観光学がわかる。』，朝日新聞社，2002.

岡本伸之「観光学への誘い」，アエラムック『観光学がわかる。』，朝日新聞社，2002.

溝尾良隆『観光学』，古今書院，2003.

菊地俊夫編著『ツーリズムの地理学』，二宮書店，2018.

山崎光博「農村観光」，アエラムック『観光学がわかる。』，朝日新聞社，2002.

山村順次編著『観光地理学　第2版』，同文館，2012.

菊地俊夫・有馬貴之編著『自然ツーリズム学』，朝倉書店，2015.

菊地俊夫・松村公明編著『文化ツーリズム学』，朝倉書店，2016.

菊地俊夫編著『観光を学ぶ』，二宮書店，2008.

淡野明彦『アーバンツーリズム―都市観光論―』，古今書院，2004.

山村順次『世界の温泉地　発達と現状（新版）』，（社）日本温泉協会，2004.

山本　充「湯治という観光」，『観光を学ぶ』，二宮書店，2008.

安田亘宏『フードツーリズム論　食を活かした観光まちづくり』，古今書院，2013.

溝尾良隆『観光まちづくり現場からの報告』，原書房，2007.

飯田芳也『観光文化学』，古今書院，2012.

原　真志・山本健太・和田　崇編『コンテンツと地域』，ナカニシヤ出版，2015.

小林克己『世界遺産一度は行きたい100選　アジア・アフリカ・日本』，JTB，2009.

小林克己『世界遺産一度は行きたい100選　ヨーロッパ』，JTB，2009.

小林克己『世界遺産一度は行きたい100選　南北アメリカ・オセアニア』，JTB，2009.

三次和義『日本の世界遺産』，PHP，2016.

中村俊介『世界遺産』，岩波書店，2019.

宮澤　光『世界遺産のひみつ』，イースト・プレス，2019.

世界遺産検定事務局編『世界遺産100』，NPO法人世界遺産アカデミー，2019.

村山秀太郎・本田陽子『世界遺産の物語』，昭文社，2020.

白坂　蕃他編『観光の事典』，朝倉書店，2019.

野外歴史地理学研究会編『世界の風土と人びと』，ナカニシヤ出版，2000.

辰己　勝・辰己眞知子『図説 世界の地誌　改訂版』，古今書院，2016.

辰己　勝『図説 世界の自然環境』，古今書院，2013.

二宮書店編集部『データ・ブック・オブ・ザ・ワールド　2020年版』，二宮書店，2020.

安福恵美子・天野景太『都市・地域観光の新たな展開』，古今書院，2020.

アレックス・カー　清野由美『観光亡国論』，中央公論新社，2019.

植村善博・香川貴志編『京都地図絵巻』，古今書院，2007.

天笠啓佑ほか『コロナが変えた世界』，株式会社Pヴァイン，2020.

金　両基『読んで旅する世界の歴史と文化　韓国』，新潮社，1993.

北田晃司「韓国における観光地理学研究の動向」，北海道地理 no.70，1996.

岩鼻通明『韓国・伝統文化のたび』，ナカニシヤ出版，2008.

朝倉敏夫『日本の焼肉　韓国の刺身』，農山漁村文化協会，1994.

銀城康子『韓国のごはん』，農山漁村文化協会，2007.

韓　奉錫他『済州，自然遺産と民俗文化』，済州特別自治道民俗自然史博物館，2008.

韓国観光局『韓国のすべて』，ハンリム出版社，2004.

佐々木道雄『韓国の食文化』，明石書店，2002.

鄭　銀淑『韓国の美味しい町』，光文社，2006.

朝倉敏夫・林　史樹・守屋亜記子『韓国食文化読本』，国立民族学博物館，2015.

高寺奎一郎『貧困克服のためのツーリズム』，古今書院，2004.

張　貴民「中国における農村資源の活用と農村観光の発展」，『ツーリズムの地理学』，二宮書店，
　　2018.

尹　盛平編『陝西歴史博物館』，陝西人民美術出版社，1994.

層　剛編『西安碑林博物館』，陝西人民出版社，2000.

秦始皇帝兵馬俑博物館編『秦始皇帝兵馬俑』，文物出版社，1999.

董　恩博他編『秦の始皇帝陵の兵馬俑』，人民中国出版社，1999.

王　超鷹『トンパ文字　生きているもう1つの象形文字』，マール社，1996.

和　品正編『納西族与東巴文化』，中国民族撮影芸術出版社，1999.

竹田武史『茶馬古道の旅』，淡交社，2010.

張　良澤監修『原住民図録＆解説集』，前衛出版社，2000.

順益台湾博物館編『順益台湾博物館ガイドブック』，1993.

斉藤　隆『アジア・アメリカの風俗文化』，帝国書院，2009.

鶴見良行・宮内泰介編著『ヤシの実のアジア学』，コモンズ，1996.

渡辺弘之『熱帯林の恵み』，京都大学学術出版会，2007.

向山昌子『アジアごはん紀行』，晶文社，1994.

森枝卓士『図説　東南アジアの食』，河出書房新社，1997.

沼田真也・保坂哲朗・高木悦郎「マレーシアの熱帯雨林における野生生物とサスティナブルツーリズ
　　ム」，『ツーリズムの地理学』，二宮書店，2018.

Wendy Moore and Gerald Cubitt, "This is MALAYSIA", New Holland Publishers, 1995.

伊藤京子『ミャンマー　東西南北・辺境の旅』，めこん，2002.

中村羊一郎『ミャンマー　いま，いちばん知りたい国』，東京新聞，2013.

瀬川正仁『ビルマとミャンマーのあいだ』，凱風社，2007.

田村克己・松田正彦編著『ミャンマーを知るための60章』，明石書店，2013.

田島高志『ミャンマーが見えてくる』，サイマル出版会，1997.

綾部恒雄・石井米雄『もっと知りたいミャンマー第2版』，弘文堂，1994.

Gerald Cubitt and Christopher Scarlett, "This is INDONESIA", New Holland Publishers, 1995.

大胡秀行「北タイにおける観光資源（少数民族など）の魅力と観光政策」，地理・地図資料2013年度
　　1学期①号，帝国書院，2013.

銀城康子『インドのごはん』，農山漁村文化協会，2007.

山田　和『インド旅の本』，平凡社，1997.

小西正捷・岩瀬一郎『図説　インド歴史散歩』，河出書房新社，1995.

平野隆之『今だから行くインド』，旭書房，2014.

重松伸司・三田昌彦編著『インドを知るための50章』，明石書店，2003.

杉本良男『アジア読本　スリランカ』，河出書房新社，1998.

帝国書院編集部「エスワティニ，レソト」地理・地図資料 2019　1 学期，帝国書院，2019.

斎藤　隆『アフリカ・西アジアの風俗文化』，帝国書院，2008.

浅井宏純『アフリカ大陸一周ツアー』，幻冬舎，2011.

大島順子『フランス田舎めぐり』，JTB，2002.

東出加奈子『海港パリの近代史』，晃洋書房，2018.

東出加奈子「フランス・ノルマンディ地方のチーズ食文化に関する考察」，大阪成蹊大学紀要　第 4 号，
　　2018.

横川節子『ナショナル・トラストを旅する』，千草書房，2001.

世界の温泉 & SPA リゾート編集チーム『世界の温泉 & SPA リゾート』，サンブックス，2002.

黒川直樹・杉尾邦江『世界遺産を旅する 7』，近畿ツーリスト，1998.

山村順次『世界の観光地 1　アングロアメリカ』，大明堂，1997.

武村陽子『スペイン　世界遺産と歴史の旅　増補改訂版』，彩図社，2019.

松本栄次『写真は語る南アメリカ・ブラジル・アマゾンの魅力』，二宮書店，2012.

銀城康子『メキシコのごはん』，農山漁村文化協会，2007.

講談社総合編纂局『週刊ユネスコ世界遺産　第 39 号　テオティワカンの古代都市　チチェン・イツァ
　　の古代都市』，講談社，2005.

山村順次『世界の観光地 2　ラテンアメリカ・オセアニア』，大明堂，1998.

山本紀夫『ジャガイモとインカ帝国　文明を生んだ植物』，東京大学出版会，2004.

国立民族学博物館編『オセアニア―海の人類大移動―』，昭和堂，2007.

高山　純・石川榮吉・高橋康昌『地域からの世界史　第 17 巻　オセアニア』，朝日新聞社，1992.

吉岡政徳監修『オセアニア学』，京都大学学術出版会，2009.

M・スティングル著，坂本明美訳『古代南太平洋国家の謎』，アリアドネ企画，2001.

ニュージーランド学会編『ニュージーランド TODAY』，春風社，2019.

ジャレド・ダイアモンド著，楡井浩一訳『文明崩壊　上』，草思社，2005.

＊統計数値は主に『データブック・オブ・ザ・ワールド　2020』二宮書店，から引用した.
＊その他，野外歴史地理学研究会（ニュー FHG）の巡検文集・DVD（会員配布）から，各地の概要図と巡検
　　記録の一部を引用・参照した.
＊フリー写真は Pixabay のものを使用した.

著 者 略 歴

辰己　眞知子（たつみ まちこ）
　1951 年　福岡県小倉市（現・北九州市）生まれ
　2005 年　立命館大学大学院地理学専攻博士課程前期課程修了
　現在　近畿大学（通信教育部），京都外国語専門学校　非常勤講師
　専門　文化地理学，歴史地理学
　主な著作：
　　『世界の風土と人びと』，ナカニシヤ出版，2000．（共著）
　　『続・京都に強くなる 75 章』，かもがわ出版，2005．（共著）
　　『京都地図絵巻』，古今書院，2007．（共著）
　　『シネマ世界めぐり』，ナカニシヤ出版，2009．（共著）
　　『近畿を知る旅－歴史と風景－』，ナカニシヤ出版，2010．（共著）
　　『図説　世界の地誌』，古今書院，2012（改訂版 2016）．（辰己　勝との共著）
　　『防災教育のすすめ－災害事例から学ぶ－』，古今書院，2013．（共著）
　　『地図でみる城下町』，海青社，2020．（共著）

＊執筆協力者
　辰己　勝（たつみ まさる）
　　1951 年　滋賀県愛知郡湖東町（現・東近江市）生まれ
　　1976 年　立命館大学大学院地理学専攻修士課程修了
　　大阪市立の高校教員を経て，2002 年から 2018 年まで近畿大学教職教育部（教授）
　　現在　大学非常勤講師
　　専門　自然地理学，地形学

書　名	**世界の観光地域**
コード	ISBN978-4-7722-4222-6　C3025
発行日	2021（令和 3）年 4 月 28 日　初版第 1 刷発行
著　者	**辰己眞知子**
	Copyright　© 2021 TATSUMI Machiko
発行者	株式会社古今書院　橋本寿資
印刷所	太平印刷社
発行所	**（株）古今書院**
	〒 113-0021　東京都文京区本駒込 5-16-3
電　話	03-5834-2874
FAX	03-5834-2875
URL	http://www.kokon.co.jp/
	検印省略・Printed in Japan